初任教師 ▶▶▶▶

班級經營指南

Ellen L. Kronowitz 著
杜宜展 譯

Your First Year

of Teaching

and Beyond

fourth edition

Your First Year of Teaching and Beyond

Ellen L. Kronowitz

救我，我快溺死了

這是我初任教職的第一年
我已失去活力
在教學計畫的不斷壓迫下
我不確定是否尚存。

我的指導教授是專家
我的同事也是專家
為了請他們協助我的班級
我只能領半薪。

家長們比我年長
如果他們察覺我這位生手教師
將擔任每節課的教學
他們就會飛快跑到地方教育委員會告狀。

常無法按時下課
額外且過高的要求
緊迫的午餐時間
使我每天不斷退卻。

今天你看見的是滿頭白髮的媽媽與爸爸，
但在記憶中，他們永遠是小學三年級的模樣。

Ellen Kronowitz

Contents 目錄 ▶▶▶▶

作者簡介

Ellen Kronowitz

　　Ellen Kronowitz 教授自 1978 年開始即任教於加州州立大學（California State University）並合創了示範學校，教導實習教師及實習生有關課程與社會研究方法，且於 2004 年 6 月獲頒榮譽教授。Ellen Kronowitz 的著作《初任教師班級經營指南》（*Your First Year of Teaching and Beyond*）已出版第四版，是專門為老師們所寫的資源參考書籍。此外，她也熱愛騎馬和滑雪。

譯者簡介

杜宜展

學歷　國立台南師範學院國民教育研究所博士
國立台灣師範大學教育心理與輔導研究所碩士
國立高雄師範大學教育系學士
國立屏東師範專科學校普師科

曾任　國立高雄餐旅大學師資培育中心副教授兼主任
國立高雄餐旅大學師資培育中心助理教授兼教育實習組組長
臺灣首府大學幼兒教育系助理教授
育達商業科技大學通識教育中心講師
高雄市瑞祥國小教師
高雄市旗津國小教師

譯著　《家庭學校關係：親師合作的成功策略》（2010）
《幼兒行為觀察與輔導》（2008）
《如何成為成功的教師》（2008）
《嬰幼兒行為觀察與記錄》（合譯，2006）
《幼兒行為觀察與記錄》（合譯，2004）
《故事治療：說故事在兒童心理治療上的運用》（合譯，2003）

專著　《親職角色、婚姻關係、原生家庭經驗與母職守門關係之研究》
（2011）
《大學生子職態度與子職行為之研究》（2007）
《親職教育研究》（2007）

自 序

■本書之目的

　　對於初任教師及其關心事務的研究常會做這樣的結論：師資培育課程須更強調教學的第一年，尤其是前述的關鍵期及開學日之後。任教五年內教師高比率的半途而廢清楚顯示，必須協助職前教師與生手教師熟悉教學第一年及往後班級生活的真實性與實用性。

■兼顧研究與實務

　　《初任教師班級經營指南》有著強而有力的評量基礎，在加州州立大學聖博納迪諾分校（California State University, San Bernardino）所做的研究中，修習國小與雙語教育學程的職前教師、實習教師及實習生，被要求詳細列出開學日、開學週及繁忙的第一年可能遇到的問題，並將這些問題編輯成問卷且寄給有經驗的教師。他們的回應、延伸的評論及融合研究發現，彙整成了本書內容。最近此研究已更新，包含來自與加州州立大學聖博納迪諾分校有結盟關係的公立專業發展學校——山坡大學示範學校（Hillside-University Demonstration School）國中與高中教師的回應。

■議題與內容

　　本書每章陳述初任教師關心的事件，例如：課程計畫、蒐集教材、組織、管教、真實性評量、多元性、與家長合作、與同事合作及開學日的實際教學。在導論章節中建立本書以研究為基礎的理論，且在結論章節中提供一些在健康且無壓力的身體情況下，維持反思與專業心靈的最後叮嚀。

■特色

　　本書附錄提供工作單與檢核表。工作單使讀者與教材互動且有利於反思實務，此互動取向激勵讀者將訊息納入自己預計的教學情境，且因而使得訊息更有意義及助益。教師可能希望學生在合作團體中討論教材且完成工作單；本書有助於形成教師喜歡的教學模式——工作坊。每份工作單與檢核表置於本書內容提及之處且以下列圖案標明：

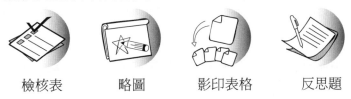

檢核表　　　　略圖　　　　影印表格　　　　反思題

　　本書也包含反思欄，以鼓勵讀者與教材互動，在每章開始與結束處，以燈泡圖案來標示反思欄，每則反思欄包含讀者閱讀前與閱讀後可完成的句根。在此也建議讀者以空白記事簿來記錄對於這些句根的回應。

每章之初

Reflection Box
反思欄

我認為……

　　1.

　　2.

　　3.

　　4.

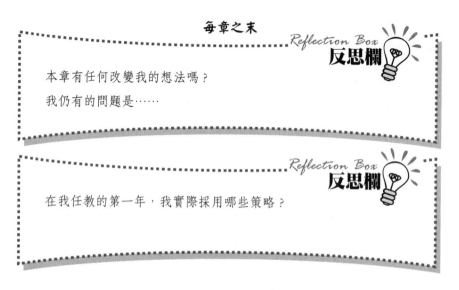

每章之末

Reflection Box
反思欄

本章有任何改變我的想法嗎？

我仍有的問題是……

Reflection Box
反思欄

在我任教的第一年，我實際採用哪些策略？

■原文第四版的修訂處

《初任教師班級經營指南》原文書第四版是第三版相同議題的延伸。為了改進平衡理論與實務，第四版已增加標準本位的計畫、教學、評量及時間與壓力管理參考書目。

在此新版中，國中與高中教師將發現教材尤其適合他們的興趣，以國小老師為對象的田野基礎研究與訪談，也重複實施於中學教師，強調工作—實務理念。此外，「教師筆記欄」則由國中與高中教師撰寫，但也適用於國小教師。所有的參考書目及延伸閱讀建議也已更新，第四版仍持續強調自我反思，反思欄與互動式工作單仍是本書不可或缺的一部分。

與先前相較，第四版的讀者群更廣，包括國小、國中、高中職前教師及實習教師、初任教師、生手教師。督學、行政官員、課程協調員、在職訓練員、實習輔導教師、大學方法論教師及實習指導教師也都發現本書有利於其工作。本書也有益於許多尋求新理念或想回顧與反思現今

實務工作的專家教師，因為來自城鄉教師的一些理念，使得本書適用於所有地區與年級。

■致謝

感謝學校諮詢員、大學教師提供相關訊息，及 Allyn and Bacon 出版團隊。我很感謝對於本書有貢獻者的建言，你們的建議是無價之寶。

我很感謝山坡大學示範學校教師們的貢獻：校長 Alvina Pawlik、Ann Kocher、Becky Monroe、Elsie Ramsey、Art Gallardo、Shirley Clark 以及 Jan Christian。我也很感謝其他提供獨一無二個人軼事的老師們：Jason Paytas、Devon Paytas、Debbie Eyer、Christy Van Marter、Brad Dahnert、Tiffany Beck、Nancy Rader、Cindy Burns、Sonya Burkett、Mckayla Beach、Sarah、Barten、Donald McLaughlin、Kathleen Beard、Richard Melcher、K. T. Gates-Waldrup、Shelley Howell、Cathy McDowell、Michael Peterson、Anne Petrie、Laura Graham、Kris Ungerer、Dion Clark、Don Gillman、Terri Hong、Heidi Thompson、Kim Ciabattini 和 Ivania Martin。

同樣要感謝以下評論者對於本書原稿的建議：Nova Southeastern 大學的 Melba Fletcher 及 Dakota Wesleyan 大學的 Sylvia J. Street。最後，我也要謝謝 Allyn and Bacon 出版社的 Steve Dragin 和 Barbara Strickland。

譯　序

　　班級經營是每位教師皆十分關切的話題，對於初任教師而言尤其如此。「教學的第一天、第一週及第一年，我該做什麼？」一語道破初任教師的焦慮與惶恐。

　　本書作者邀請有實務經驗的國小教師至課堂上分享其觀點與理念，將職前教師的問題編輯成問卷，分發至資深教師手中，這些資深教師回應者被告知其建議是讓即將進入此專業領域的教師所閱讀，而非給其他資深教師。這些回應是具有實務經驗的回答，反應出教師如何建立有利於學習的環境。

　　本書共包含十章，依序為：導論、課程計畫、教材與教具、班級組織與經營、班級中的正向管教、多元評量與真實評量、與家長合作、與學校人員合作、開學日及均衡的專業生活。在每章末尾列出有關該章節主題的相關書籍與文章，以供進一步閱讀。教師備忘錄則遍及書中，以簡潔的方式呈現在任教第一年的考驗、磨難或成功的喜悅。本書提供的建議與方針，不僅是任教第一天及第一年有利經驗的回顧，更是足智多謀資深教師的寶貴理念。

　　非常感謝心理出版社林總編輯敬堯提供機會翻譯本書，且一再寬容延宕出版的時間，更感謝汝穎的悉心編輯與校閱，當然，也得感謝國內教育相關系所及教育學程採用本書作為授課教材，如有疏漏之處，尚祈指正。

國立高雄餐旅學院　師資培育中心

杜宜展　謹識

2012 年 1 月

chapter 1

導　論

　　「教學的第一天、第一週及第一年，我究竟該做什麼？」在師資培育課程（teacher credential program）最後階段，學生們提出此問題，讓教授暫時停下教學來檢視這個問題。

　　我追問：「你的意思是什麼？」雖然我已些微猜測到學生的用意。有鑑於即將到來的獨自教學，他們感到焦慮、惶恐，擔心自己已有的及正在學習的技巧無法增加勝任感與自信。這些未來的教師繼續解釋著：儘管已修習過教育心理學、教學法，也曾有實習教學經驗，一旦踏上講台卻往往不知道該做什麼。此相同的焦慮也困擾著實習教師（intern teachers），甚至是生手教師（novice teachers），他們已經歷過第一年的教學且亟欲反思並尋找解決第一年教學獨特挑戰的其他方法。

　　這些有關第一年教學的顧慮喚回我自己初次教學前幾週無法成眠的回憶。我是一位擁有滿腹原料與方法的廚師，雖然我很清楚如何結合教學來達到最佳效果，但經過第一年的教學，我偶然發現自己還是必須學習更多有關進入教學專業的複雜事物。

　　我為地區學校（local school district）所有新進教師帶領教學第一年的工作坊，首先我請他們畫出第一天上課的教室，並且用一個單字或片語來描述班級教學的第一天。在閱讀之前，你也可以拿起紙筆這樣做。

　　很典型地，他們描繪的圖包括講桌、黑板、書桌、書櫃及公布欄。新進教師描述教學環境的用語則包括：興奮的（exciting）、教養的（nurturing）、動人的（inviting）、支持的（supportive）、溫暖的

（warm）、友善的（friendly）及有組織的（organized）。當我問：
「你們當中有多少人提到學生呢？」大部分老師都感到困窘。可想而
知，他們在圖中忘記將學生列入，所有的教師都緊張地低聲輕笑表示，
教書的第一天如果沒有學生，將減輕許多壓力。

就任的第一年

　　誰不會緊張呢？剛結束了師資培育課程或實習課程，在師資培育及
實習期間，你比以往所想擔任更多的角色。之後，在正式踏上教學現場
之前，你的許多責任都是由已建立組織與管理基礎的指導教師（super-
vising teacher）來負責。

　　在最初的準備工作期間，總有一張安全網，當你跌倒時指導教師能
協助你且鼓勵你克服此艱難的時刻。課程已訂定好，你只負責一些零碎
事務，很少需要負責整件事，整個實習期間最後的責任還是在老師身
上。只要是正在進行師資培育或實習課程，通常責任不在你身上。實習
教師在教學中學習，且不時會從旁得到指導，因此不會像第一年正式教
學那樣緊張。

　　Lortie（1975）認為教師突然承擔全部責任是第一年教學的主要挑
戰之一，在其中似乎可預見：「你」將負責計畫、組織、教學及評量學
生；「你」將負責教室環境且使其有效運作。當你到達學校時，「你」
也將承擔非教學責任（nonteaching duties），例如：陪學生用餐、打掃
及隨車服務、參加社交聯誼會等，不得有實習教師常可免除的任務。
「你」會認識新同事及拜訪新社區；「你」必須與家長建立並維持溝通
管道，同時也許需要指導助理教師，現在這是「你的」文書工作，
「你」必須持續記錄且繼續評量診斷。

　　此外，你可能被分派到一群具挑戰性的年輕人，或發現有些學生因

其他學年同事的「淘汰選擇」後進入你的班級，由於不熟悉年級水準及課程，你開始了解為何在任教的第一年時，會在第一天教學前失眠了許多天。

　　所有教師都必須身兼啦啦隊隊長、室內設計師、藝術家、系統分析師、效率專家、演員、養育者（nurturers）、評量者、法官、診斷師、心理學家、傳播者、會計、經理及朋友等稱之為教學的次專業（sub-specialties）職位，這些列舉是無窮盡的。教學是世上最複雜的專業之一，當我打開同理的雙耳，聽到的盡是感到困倦與被徹底擊垮的職前教師（preservice teachers），我靜靜地告訴我自己：「你不知道現在自己多麼快活！」

研究與實務

　　新進教師的就任是教育研究中愈來愈重視的調查領域。在美國，有些地區因學生數量增長、教師退休及其他行業的競爭使得以傳統方式進入教學的候選人愈來愈少，因而教師嚴重缺乏；再加上初任教師半途而廢的比率令人憂慮地升高，使得此情況更加複雜。學校當局逐漸了解到，除了努力招聘新進教師的同時，也必須努力保有與支持這些新進教師的第一年。

　　Linda Darling-Hammond（1997）依據學生的增加數量、一些州的班級規模縮減及加速退休的結果來估計，下個十年約需聘用二百二十萬K-12（譯註：指幼稚園至高中）教師，伴隨而來的危機是相關的統計發現：在初任教職的三年內，有20%的教師將會離職（De Paul, 2000; Recruiting New Teacher, Inc., 1999）。在都市地區初任教職的五年內，有50%的教師將會離職（Darling-Hammond & Sclan, 1996）。Henke 與 Zahn（2001）在國家中心的教育統計報告發現：任教的第一年有6%的教師會

被迫離開此專業工作，且第一年之後有 7%的教師會更換服務學校。

除了對新進教師的龐大需求，更普遍地強調「優質」教師，布希總統（George W. Bush）提倡學校改革運動（school reform movement），在 2002 年 1 月他簽署「沒有一位兒童落後法案」（No Child Left Behind Act），指示在 2005 至 2006 學年度之前，每個班級要有一位「優質教師」。依據「沒有一位兒童落後」官方網站（2002）所示，此行動提供招募及訓練優質教師（尤其是特殊需求領域）的資源，為經濟能力不佳之教師的教學相關費用提供減稅計畫，及建立教師輕鬆貸款計畫。當其他作法都把焦點放在人才的招募及維持人力之際，這些積極性行動更著眼於優質的課題。

加州教師證照諮詢小組委員會（California Commission on Teacher Credentialing Advisory Panel）檢視教學證照需求（1997）後表示：學校人員面臨許多困難，有一半的初任教師在任教三年內離開，代課教師（underprepared teacher）的耗損率高達三分之二。

為什麼教師這麼難當？教師們如此認真，也度過了實習及第一年的煎熬，為何終究還是離開了教職？這有許多原因，包括：不切實際的期待（Nemser, 1983）；缺乏身心訓練（Ryan et al., 1980）；孤立感（Lortie, 1975）；及價值衝突（Freedman, Jackson, & Boles, 1983）。此外，初任教師常被安排教導最具破壞性且學業能力最差的學生（Huling-Austin, 1989）。Yee（1990）認為教師的承諾影響耗損的比率，有些人將教學視為一生的職業，然而也有些人在幾年之後便試圖離開。但是誠如 Fineman-Nemser（1996）所言，有一項較大的因素是，初任教師與其他大學畢業生如工程師、程式設計師及健康專業人員的薪資差異。

教學並不容易，師資培育學會（Association of Teacher Educators, ATE）的出版品《協助初任教師》（*Assisting the Beginning Teacher*, 1989）簡要的陳述這樣的挑戰：「教學是一種高度複雜的一系列行為，

不容易習得，進一步而言，它沒有既定的準則或方法。」Nemser（1983）認為教師首次進入班級中常抱持著理想及不切實際的期望，且常被他們實際的責任壓垮，他們驚慌失措且覺得師資培育課程並未教導他們處理實際的班級事務。新進教師在理解工作內容後，幾乎都會進入有壓力的嘗試錯誤期（trial-and-error periods），他們經常將如何倖存下來視為首要目標。Ryan 及其同事（1980）補充認為，新進教師在身體或心理上尚未準備好面對工作的要求，且容易很快便精疲力竭，此身體的勞累可能導致心理的疲累且終至沮喪。

　　此外，學校也會是一個孤獨的地方，Lortie（1975）對於學校文化的研究認為：身體上的孤獨（每個班級中只有一位教師）可能導致新進教師難以克服的社會孤立感和沮喪。

　　新進教師在面對校方時也可能遭遇價值衝突，這是師資培育課程中未能實際說明的（Freedman, Jackson, & Boles, 1983）。學校常要求老師從事與其首次任教理由不一致的行為。行事計畫缺乏控制、強調正式與技術評量、受命進行的課程（mandated curriculum）都是以兒童為中心（child-centered）的教師所必須忍受的一些挑戰。

　　在你擔任教師的第一年，該如何面對這些壓力，而不致失去教學的勇氣呢？一開始你應該知道有關學校本位經營與教師賦權（empowerment）的新近實驗與研究，並懷抱著希望來補救這些情況。但最重要的是，你可以在個人方面加以準備，在開始教學之前認識與界定自己關心的事情並面對它，經由適當的準備，這些壓力與其他問題可能大大地減少，此種實際工作分析正是本書的焦點所在。此並非如上述研究者的說法，讓人感到氣餒。根據 Farkas、Johnson、Foleno、Duffet 與 Foley（2000）所言：大部分新進教師對其專業工作充滿「熱情」，研究結果發現雖然新進教師覺得薪資太低，大多數仍會喜歡非金錢的誘因，例如：小班教學及「來自於地方行政人員及家長的強力支持」。雖然新進

教師已熟悉教材內容，本研究發現他們最不擅長班級經營。但我們知道始終是如此。

有些研究者試圖藉由為新進教師設計師資培育課程，及進行學校改革來尋找答案，有些則純粹傾聽新進教師的心聲，並尋求方法來陳述他們現在最感壓力的事情。在回顧 91 篇有關新進教師最關心的問題之研究報告（Veenman, 1984）時，可發現小學新進教師最擔心的問題如下：管教、個別差異的處理、激勵學生、與家長的關係、班級工作組織、評量、教學材料不足、處理學生的個別問題、教學負擔沉重、備課時間不足、與同儕的關係、每天的計畫與準備、對學校政策與規定的感受。Gordon（1991）增列了六個「外在環境的難題」，包括：工作分配、不明確的期待、不適當的資源、孤立、角色衝突及現實的衝擊。Gordon也清楚地說明初任教師的十二項潛在需求，包括：班級經營、獲悉學校系統訊息、獲得教學資源與教材、計畫、安排教學及其他責任、評量與評鑑、激勵學生、使用有效的教學方法、診斷學生個別需求、能力、問題及興趣、與家長及同儕溝通、適應學校環境及教學角色、獲得情緒支持等。

Odell（1986）記錄 86 位國小教師在任教第一年最常提出的求助類型，在第一學期他們的需求包括：教學資源與教材、情緒支持、教學支持、協助班級經營、獲悉學校系統訊息、協助建立班級環境及示範教學（demonstration teaching）。第二學期，教學上的需求最為優先，其次為：教學資源與教材、情緒支持及協助班級經營。教師惟有能控制資源與材料後才能進一步要求協助教學。近來 Brock 與 Grady（1996）認為，中小學校長與初任教師都將班級經營及管教列為首要問題。

Lidstone 與 Hollingsworth（1992）定義了初任教師在教學上有兩種類型：以科目為中心（subject centered）及以兒童為中心（child centered），第一種類型必須協助平時的管理、參與學生的學習、鼓勵學生

反思且自己找出答案。第二種類型的教師也聚焦於學生身上，在管理與課程上會給予支持、鼓勵理想主義與實用主義兩者的平衡，及支持避免極端的自我批判。

在「加州新教師計畫」（California New Teacher Project）的報告《成功的初任教師》（*Success for Beginning Teachers*, 1992），教師證照委員會（Commission on Teacher Credentialing）回應其他已提出的挑戰，並增加欠缺的協助及新進教師面臨諸般「問題」所需的適應。此委員會建議所有參加訓練協助與支持計畫的初任教師，應該納入有機會從資深教師的建言中獲益的研討會課程之中。根據 Darling-Hammond（1997）所言，全國只有55%任教年資低於五年的教師已參加一些「正式的」就職方案，只有 21 州有就職方案，且超過 5 州是領航方案（piloting program）（De Paul, 2000）。因為教師的質與量皆需提升，故招募已充分準備的教師，並結合協助他們在決定性的第一年之方案與資源是極有意義的。本書即是協助初任教師獲得成功且一旦受雇後能夠留下來任教的資源之一。

新進教師常會面對令人氣餒的挑戰——但其實可以尋求到協助的。如果你問對問題，新學校的環境幾乎總會提供許多支援的管道，在許多地區也有輔導老師（mentor teacher）及同儕教師（buddy teacher）的方案協助，且有時也會為新進教師舉辦在職講習會，學校的校長及其他行政與教學同仁都會協助你。Moskowitz 與 Stephens（1997）研究三個國家（澳洲、日本及紐西蘭）的教師入門方案（teacher induction program）發現，這些國家的新進教師與美國的「就任者」（inductee）都有相同的憂慮。儘管對於這三個國家的初任教師而言，教學並非容易之事，但在輔導教師的數量與第一年的輔導時間方面卻有顯著不同，此外教師們也認為較具專業性及受到他人的支持。重要的是，新進教師並未感覺被分派到難帶的班級，且事實上他們的負擔較輕且負有較少的行政

責任，以提升其入門歷程。

最重要的是，在開始教學「之前」他們可獲得協助。Griffin（1985）認為師資培育課程（teacher education programs）不只包括研究結果，也應整合資深教師的智慧。換言之，如何從事教學工作是本書的主要課題。

幾年前在回顧初任教師的相關文獻後，我確信與我一起合作的職前教師及實習教師都同樣關心這些研究所列舉的議題。與其等待這些初任者離開這裡，我想要提出的是他們在任教第一年所面臨的問題，及在實際開始教學「前」（即接受訓練的職前階段）的憂慮。在方法學的課堂上我詢問實習教師，請他們說說在開學第一天及第一週擔心或憂慮的事情。這些憂慮不僅真實、實際、明確，而且也真摯且公開地反應出和初任教師一樣相同的煩惱。

表 1.1　**教師守則**（1872 年）

1. 教師每天要裝填油燈，清洗油燈的玻璃燈罩。
2. 每位教師每天要準備一桶水及當天所需的木炭。
3. 小心你的措辭和評語，你可能打擊到學生的個別嗜好。
4. 男性老師可以每週一、兩晚到球場去，或固定上教堂。
5. 在學校待了 10 小時後，教師們可利用其他時間閱讀聖經或有益的書籍。
6. 已婚或從事不適當行為的女性教師，將會被解雇。
7. 每位教師為了將來逐漸衰退的任教期間著想，應停止在意自己每次應得的報酬多寡，如此才不會成為社會的負擔。
8. 任何抽菸、喝酒、賭博或去酒店、理容院的教師，會讓人質疑其個人價值、意圖、廉潔與誠實。
9. 忠於工作且五年內沒有過失的老師，經學校董事會同意，每週薪資將增加 25 分美元。

　　我首次回應，是邀請有實務經驗的國小教師至課堂上分享其觀點與理念，成效似乎顯而易見。然而，我的學生需要更多且各種的資訊輸入，且他們需要的是一種能保存與回顧的方式。對我而言很清楚的是，應該要盡早將這些有實務經驗教師們的建議製成錄音帶，並且與大家分享——當然是在踏入教室之前。

　　結果，由 33 位職前教師所提出的問題編輯成問卷，分發給 27 位資深教師填答。回應者被要求假定其建議將被即將進入此專業領域的教師所閱讀，而非其他資深教師。這些回應是具有實務經驗的回答，反應出教師如何建立有利於學習的環境。當我在編寫這本書時已將問卷更新並再次調查，因此，本書中提供的建議與方針，不僅是任教第一天及第一年有利經驗的回顧，而且是足智多謀資深教師的寶貴理念。

使用本書

　　本書陳述初任教師在教學第一年面臨的多項威嚇性挑戰，包括：課程計畫、蒐集教材與教具、班級組織與經營、學生評量、成績紀錄及與學校同仁和家長溝通。最後的章節著重在兩項非常重要的領域，一是著重在單一的一天，另一個則針對教師專業生涯的其他日子。第九章陳述初任教師最害怕的日子：開學第一天，該章提出所有重要日子的行為表現之明確建議。最後，第十章提及專業主義與反思實務，即身為教師的專業成長。

　　書中的這些議題，可說是每一位學校教師在日常班級生活的本質。雖然很多人知道教學、學習與班級經營是理論與研究的基礎，但提供建立學習環境的「實際」層面才是從教者最佳的建議。本書在每章末會列出有關該章節主題的相關書籍與文章，以供進一步閱讀，你會發現本書理論與實務兼具。教師筆記欄也遍及書中，這些都是個人軼事（anec-

dotes），是初任與專家教師的建言，以簡潔的方式呈現出他們在任教第一年的一些考驗、磨難或成功的喜悅。

本書的設計適合各類讀者，可用於現今的課程、實習教學或實習研究小組，或成為教學實務層面的新課程基礎。此外也可提供實習輔導老師、校長、新進教師，及任何想重新檢視教學實務的生手教師或專家教師一起分享。

本書藉由反思欄（Reflection Box）、工作單（Worksheet）及檢核表（Checklist），可幫助你與書本內容互動。反思欄配合電燈泡圖案，在每章節開始與結束處呈現，有助你以反思的心情與書本內容互動，第一個反思欄的句子與該章節的所有內容皆有關，建議你在閱讀之前花點時間在你的日誌中回應這些句子。在閱畢此章節後，利用第二個反思欄來記錄你任何新的理念或問題。第三個反思欄有助於你在任教第一年將本書個人化，在一年後拿出你的日誌並將你先前的答案與現在的經驗相比較，相信這些日誌將成為你從實習教師轉變為正式教師的寶典。

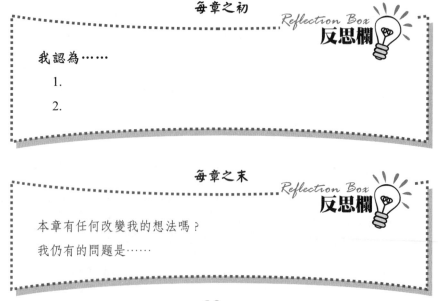

每章之初

Reflection Box
反思欄

我認為……

1.

2.

每章之末

Reflection Box
反思欄

本章有任何改變我的想法嗎？

我仍有的問題是……

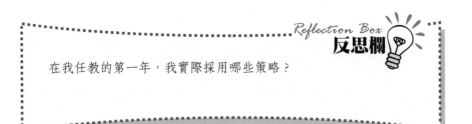

Reflection Box
反思欄

在我任教的第一年，我實際採用哪些策略？

　　工作單與檢核表附在本書最後面，你可以撕下、影印並用於教學。每張工作單與檢核表在書本內容中適當之處提及，且伴隨著明顯的圖示（可參考 p. ix）。工作單 7.3 及 7.4 可以影印下來寄給家長（其中一份為英文版）。工作單留有空間好讓你在適當處增加自己的規定或註釋。如果你仍不知從何著手，可以藉由工作單 1.1「工作搜尋檢核表」來加以檢視。

工作單 1.1

　　此外，在每章結束前有簡短的摘要作為微言大意的結論。以下是第一個摘要。

最後的焦點

　　如果你覺得在任教第一年，可能會被多重的工作、決定及日常事務擊敗，切記任何年齡的教師都得面對嶄新且獨特的挑戰（詳見表1.1）。可將本書的內容運用在你的班級和任教年級，以及自己獨特的教學型態上。使用本書提供的資源有助你發現屬於自己的教學型態。本書可引導你完成第一年的教學——從中你將得到回饋，加強你選擇此刺激且具挑戰性專業工作的首要動機。

延伸閱讀

Britzman, D. P. (1991). *Practice makes practice*. Albany: State University of New York Press.
Codell, E. R. (2001). *Educating Esme: Diary of a teacher's first year*. Chapel Hill, NC: Algonquin Books.
Dollase, R. (1992). *Voices of beginning teachers*. New York: Teachers College Press.
Gold, Y., & Roth, R. (1993). *Teachers managing stress and preventing burnout: The professional health solution*. London: Falmer Press.
Goodlad, J. (1994). *Teachers for our nation's schools*. San Francisco: Jossey-Bass.
Kidder, T. (1990). *Among schoolchildren*. Boston: Houghton Mifflin.
Lieberman, A., & Miller, L. (1992). *Teachers, their world, and their work*. New York: Teachers College Press.
Reed, K. (1999). *Rookie year: Journey of a first-year teacher*. Boston: Peralta Publishing.
Ryan, K. (Ed.). (1992). *The roller coaster year: Essays by and for beginning teachers*. New York: HarperCollins.
Wormeli, R. (2002). *Meet me in the middle: Becoming an accomplished middle-level teacher*. Westerville, OH: National Middle School Association.

參考文獻

Advisory Panel for the Comprehensive Review of Teaching Credential Requirements. (1997). *Final report* (SB 1422). Sacramento: California Commission on Teacher Credentialing.
Association of Teacher Educators. (1989). *Assisting the beginning teacher*. Reston, VA: Association of Teacher Educators.
Brock, B., & Grady, M. (1996). *Beginning Teacher Induction Programs*. Paper presented at the annual meeting of the National Council of Professors of Educational Administration, Corpus Cristi, TX. (ERIC Document Reproduction Service No. ED399361)
California Commission on Teacher Credentialing. (1992). *Success for beginning teachers*. Sacramento: California Department of Education.
Darling-Hammond, L. (1997). *Doing what matters most: Investing in quality teaching*. New York: National Commission on Teaching and America's Future.
Darling-Hammond, L., & Sclan, E. M. (1996). Who teaches and why: Dilemmas of building a profession for twenty-first century schools. In J. Sikula, T. J. Buttery, & E. Guyton (Eds.), *Handbook of research in teacher education, second edition* (pp. 67–101). New York: Macmillan.
De Paul, A. (2000). *Survival guide for new teachers*. Washington: DC: Office of Educational Research and Improvement.
Farkas, S., Johnson, J., Foleno, T., Duffet, A., & Foley, P. (2000). *A sense of calling: Who teaches and why*. New York: Public Agenda. Retrieved July 15, 2002, from http://www.publicagenda.org/specials/teachers/teachers.htm
Fineman-Nemser, S. (1996). *The current status of teaching and teacher development in the United States*. [Online]. Retrieved July 15, 2002, from http://www.tc.columbia.edu/~teachcomm/BRIEF6.HTM
Freedman, S., Jackson, J., & Boles, K. (1983). Teaching: An imperiled profession. In L. Shulman and G. Sykes (Eds.), *Handbook of teaching and policy* (pp. 261–299). New York: Longman.

Gordon, S. P. (1991). *How to help beginning teachers succeed.* Alexandria, VA: Association for Supervision and Curriculum Development.

Griffin, G. (1985). Teacher induction: Research issues. *Journal of Teacher Education, 36*(1), 42–46.

Henke, R., & Zahn, L. (2001). Attrition of new teachers among recent college graduates. National Center for Educational Statistics. Retrieved July 1, 2002, from http://nces.ed. gov/das/epubs/2001189/index.asp

Huling-Austin, L. (1989). Beginning teacher assistance programs: An overview. In *Assisting the beginning teacher.* Reston, VA: Association of Teacher Educators.

Lidstone, M., & Hollingsworth, S. (1992). A longitudinal study of cognitive change in beginning teachers: Two patterns of learning to teach. *Teacher Education Quarterly 19*(4), 39–57.

Lortie, D. (1975). *School teacher: A sociological study.* Chicago: University of Chicago Press.

Moskowitz, J., & Stephens, M. (Eds.). (1997). *From students of teaching to teachers of students.* Report of the Pelavin Research Institute, the Education Forum of APEC (Asia-Pacific Economic Cooperation), and the U.S. Department of Education. Retrieved July 15, 2002, from http://www.ed.gov/ pubs/APEC

Nemser, S. F. (1983). Learning to teach. In L. Shulman and G. Sykes (Eds.), *Handbook of teaching and policy* (pp. 150–170). New York: Longman.

Odell, S. J. (1986). Induction support of new teachers: A functional approach. *Journal of Teacher Education, 37*(1), 26–29.

Recruiting New Teachers (1999). *Learning the ropes: Urban teacher induction programs and practices in the United States.* Belmont, MA: Author.

Ryan, K., Newman, K., Mager, G., Applegate, J., Lasley, T., Flora, R., et al. (1980). *Biting the apple: Accounts of first year teachers.* New York: Longman.

U.S. Department of Education (2002). *The Facts About . . . Good Teachers.* Retrieved July 15, 2002, from http://www.nochildleftbehind.gov/start/facts/teachers.html

Veenman, S. (1984). Perceived problems of beginning teachers. *Review of Educational Research, 54*(2), 143–178.

Yee, S. M. (1990). *Careers in the classroom: When teaching is more than a job.* New York: Teachers College Press.

chapter 2

課程計畫

Reflection Box
反思欄

我認為……

計畫的重要性在於……

長期計畫是……

標準本位計畫是……

主題教學單元是……

每週與日常計畫是……

多元計畫是……

學校鐘聲在九月響起，但如果在此之前你尚未做任何開學第一天及數週的課程計畫，你可能得如同之前我學生的建議——祈禱吧！

在實習期間，課程是由你的指導教師所訂定。雖然你可能有責任設計學習單元，但是在你到達教學現場之前，無形的課程架構早已為你設立好了。你可與實習指導教師一起建立年度計畫，如果你不提問，可能無法知道與計畫有關的所有細節。事實上，你可能不知道所有細節整合成計畫的重要性。

教師筆記欄　*A Note from the Teacher*

計畫是你最好的朋友。

——M. Peterson

15

計畫的重要性

　　為什麼必須事先計畫？在一項以12位國小教師的研究結果中，McCutcheon（1980）提出必須做計畫的外在與內在原因。內在原因包括：會覺得較有信心、較易學習該科目、能使教學較平順及希望避免預期的問題。外在原因包括：符合校長的期望及提供代課方向。對你而言，減少忐忑不安可能是最佳的理由，這些相同的理由也適用於今日。

　　身為新進教師，你可能會發現你對班級經營的關注凌駕於教學之上。然而，如果課程有趣且結合學生的需要、興趣與能力，一定能事半功倍。

　　新進教師在實習期間皆有課程計畫經驗。你可能有足夠的機會教學、班級經營、管教及評量，但大部分的情形是，你可能只設計既有課程的一小部分。如果當你知道任教年級，在你被分派之前，是反思「自己」第一年教學課程內容的最佳時刻。雖然在面對學生前，不太可能從頭到尾將每個細節詳細計畫，但你還是可利用此時草擬並組織課程，以減輕臨近開學時感到的恐慌。

教師筆記欄　*A Note from the Teacher*

> 　　我已經做了觀察、學習與提問，但我仍不知道該教些什麼。教師們從何處得到單元與主題的理念？只是得自於架構嗎？只是借用其他老師的觀念嗎？我如何且何時才能擁有這把知識之鑰？
>
> ——L. Graham

　　課程先前計畫當然不能影響了你休息、休假、打掃，及與家人相聚的時間等等這些教師們在課餘必須的活動。有經驗的教師們提供了寶貴

的要領,而許多要領都是想法(ideas)。教師們一天中幾乎都在心裡計畫事情,所以何不在休閒時間事先計畫?當你漂浮於木筏上、懶洋洋地躺在椅子上、在池塘釣魚,或在任何地方時,都可以思考學校課程。

只有你知道要花多少時間計畫課程。我的建議是,教學經驗與先前計畫課程時間應成反比:愈有經驗,投入先前計畫的時間愈少,反之則愈多。當然也需考量慌張失措的因素,對於開學的第一天與前幾週愈感到焦慮,愈需先前計畫;如果你能夠冷靜以對,則比較不需要事前計畫。但要小心!有時或許是暴風雨前的平靜,因此要確信你的冷靜感是出於你能充分掌控的自信,切勿逃避或完全否定開學第一天將面臨的情境。

本章著重於為你的學生形塑適當的教學計畫。我們將提到長期與短期計畫,且提供組織每週與每天的計畫表之建議。畢竟,教師不能只是教學:他們應以有組織的方式教學,在班級中使用適當的資源與策略。在本章你將學到關於課程計畫有哪些問題,且你將開始概念化長期與短期必須做的事情。

長期計畫:一年

當我開始教學時,我會拿到一份班級名單、成績冊及教師休息室鑰匙和一堆課程教材,包括各種課程手冊(社會研究、自然科學及語言藝術),每本手冊內容包含目標、內容、教學主題、每項主題的建議學習活動及如果有時間我可以查詢的參考書目。數學與閱讀課程包含了教科書的編輯告訴我們如何教,藝術則包含了來自《教育家》(*Instructor*)雜誌或其他老師有創意的活動,音樂與體育皆漫無計畫。每逢週末我將課程指引及教師手冊帶回家,且在每週計畫書中謹慎地填入適當的主題。我希望能教導學生所需的知識,但總還是不免有所疑惑。

今日教師對於該教什麼、需要教多久及允許兒童獨自操作的時間,

有相同的決策。就和以往一樣,他們從事年度、學期、單元、週次及日常計畫。本章接著將著重在基於前人的集體智慧所產生的長期與短期計畫實務層面。

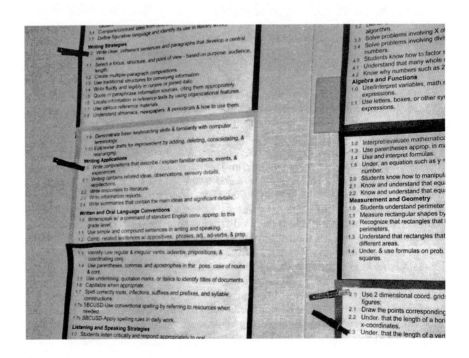

標準本位課程

來自國會的一份紀錄

目標 2000 年:美國教育決議

　　為了改善學習與教學,藉由提供國家的教育改革架構,以提升研究,建立興論,及系統化的變革,必須確保所有學生有公平的教育機會及高度的教育成就;為了提供所有聯邦政府的教育方案再認可的架構;為了提升發展技能標準與檢定的自動化國家系統以及其他目的。

　　美國政府於 1994 年 1 月 25 日公告此決議文。

　　這份 1994 年國會決議文內的標準本位教育，已順利進展至州教育部、地方政府及每個班級。標準本位教育需要教師們明確認定學習必須知道什麼及能做什麼。「基準」（benchmark）一詞一般定義為學生已達成與標準相對的特殊成就水準。這些基準的評量可讓教師、家長與學生得知進步情形，這些通常是連結實際標準的真實性評量。每年實施一次的標準化測驗，有時依賴標準，有時則不那麼依賴標準，是測量學生與他人相較的分數、學校與他校相較的分數，以及地區與其他地區的相較分數。

　　在最佳的情況下，標準本位課程能為所有學生設定相同的高度期待；提供教育均等；且為家長、教師及學生清楚說明未來的學習內容。此外，能使教師與行政人員發展與標準直接有關的評量，而非僅依賴標準化成就測驗。

　　標準有多重的層級，使其更加複雜。標準通常起源於專業組織，例如：社會研究國家審議會或數學教師國家審議會。因此，州教育部重視此標準且自行設計之。最後，在地區學校方面，課程與教學人員進一步改善此標準，使能分布於國小及國中與高中課程。

　　一般而言，你會在以下甚至更多的課程領域發現標準：

　　閱讀／語言藝術

　　數學

　　自然科學

　　社會科學

　　身體發展與健康

　　藝術

　　外語（建議的標準）

　　國中與高中的標準並不難處理；真正的挑戰是設法處理國小的龐大標準。曾有建議指出，可能需花費 10 小時將所有的標準分派至每個年

級。當教師們看到這樣的列表會不知所措。例如在地區學校，三年級數學有 20 個數感（number sense）標準，9 個代數與函數標準，12 個測量與幾何標準，5 個統計、資料分析與機率標準，以及 14 個數學推理標準。這一點也不假！某位教師說這只是眾多科目之一，當你檢視地區的課程教材與標準文件，你會發現包含了太多標準，以致可能無法清晰地一一寫出來。

但不必害怕。就像在本原文書的前一版所言，總是需要決定你必須教什麼──儘管當時的術語是：內容、技巧與態度。如今我們擁有大致的內容標準及分析與批判思考技巧標準，你如何管理它們？首先你必須發現且熟悉它們。

你愈熟悉將任教的課程，愈能得心應手且有創意地計畫學年教學概要。若是已有現成的課程，你所需要的在於自問如何掌握。

利用工作單 2.1「課程教材調查表」，有助於提出正確問題。我發現即使是專家教師也要到完成年級課程分類作業時，才察覺課程文件的有利之處。因此要事先備課，可以在池畔、海灘、湖邊或捷運上讀這些教材。記得可以搜尋有所幫助的電腦軟體與 DVD 科技。至於要教導非以英語為母語的兒童，因為缺少較佳的英語發展（English Language Development, ELD）教材與資源，更是必須事先準備與計畫。

A Note from the Teacher
教師筆記欄

嘗試以個別的標準來教學只會把人逼瘋，相反地，選擇你需要教學的主題，且依據選擇檢視所有標準，你將有機會從大部分課程領域中，將基本標準融入學習單元。這些小片段將逐步形成大圖像，因此，著重在基本的標準，那些小部分自然會依序出現。

──J. Paytas

■■ 從標準到教學課程 ■■

讀到這裡，你可能覺得早已被擊垮了。你如何在 22 小時或每週的教學時間內，計畫所有課程領域的教學？此問題給初任教師一個實質的挑戰。

先深呼吸，你可以在教師備忘錄中注意到其中似乎提供了簡單的答案，如果你單獨地將每個標準列入課程領域內，你會把自己搞瘋。當你閱畢這些標準，你會發現它們一般有階層順序，亦即有些基本的標準是1.0 與 2.0 層級，在此之下有些次級標準（如：1.1、1.2、1.3）。如果你聚焦於基本標準，你將發現這些次級標準可累積成較大的標準。因此，如果你覺得學生們已達成大圖像如標準 1.0，則他們也會達成 1.1、1.2及 1.3。亦即，當學生遇到困難，你必須檢視標準文件的小標題且確認問題所在。

如果你是一位國小教師，你必須特別留意有基準評量的學科，甚至更重要的是，以州層級來測驗的學科。個人的分數與學校的分數將刊登在報紙上，分數較低或缺乏改善的學校可能影響校長的考績，或甚至由州教育部來接管地區學校。情節較不嚴重者則允許學校與地區在要求改善計畫後，呈現進步的情形。因此標準對於每個人都很重要，包括：家長、教師、學生、行政人員、學校委員會、監督者、州教師委員會、州長，甚至是總統。

■■ 教學的課程矩陣 ■■

由於我們會以不同的方式來進行計畫，因此以下的建議並非制式規定。需牢記的是，當你為學生制訂了最佳的教學方案計畫，才能「施予」正式的課程。

每次只進行一項課程領域。幸運的國中與高中教師只負責一個領

數字標準	自然科學標準	語言藝術標準
1.0 1.1 1.2 1.3 1.4		
2.0 2.1 2.2 2.3 2.4		
3.0 3.1 3.2		
4.0 4.1 4.2 4.3		

圖 2.1　標準概觀

域，雖然他們必須留意相同學科的不同學習課程或不同年級水準。以簡
短形式將各項標準填入如圖 2.1 的圖表中，使用你自己的速記，然後開
始尋找學科領域間的任何共同處。你應該會發現有些重疊，使用螢光筆
來記可能更容易理解，使用另一枝螢光筆標示你發現或曾被告知的基本
標準，因為它們會出現在基準測驗中。當你完成後，至少你可以知道在
這學年或學期，必須包含多少標準。了解這些範圍總比最後發現太少來
得好。例如：你知道了應將地球科學列入五年級教材，但是真糟糕，你
從未這麼做！別擔心！在你之前和之後的教師們有極相似的標準，只是
程度不同。留意年級的上下標準十分有用，你會發現主要的標準實際上
是一種螺旋課程；在每個年級中，主題與技巧會被反覆教導。

　　一旦你一一列出必須教學的內容，教科書或許等同也或許不同於州
政府或地方的標準。漸漸地它們相同了，且舉例來說某些閱讀課程的教
科書出版者，認為可藉由故事來陳述自然科學與社會研究的標準。他們

試圖以整合的方式來說明標準，雖然至今尚未完全發展出適合你任教年級的所有課程標準。這有待你完成！我相信你的資源教師、校長、輔導老師、初任教師支持團隊、課程協調者及新進教師在職進修提供者，會比我提供你更多標準。在現今學校中很重視標準，且可確定的是身為新進教師，你將有足夠的資訊知道如何盡力敲響金鐘。

■■■ 每個月的教學課程 ■■■

下一個步驟是決定每個月的計畫。將整年的計畫安排在紙上不同處的理由在於檢核教學內容是否全部列入。當然你也必須依據學生的需要、興趣與能力，調整教學速度，但即使是整年的粗略概圖也有助益，尤其是如果你想結合主要技巧、標準、主題與態度於主要單元。有些教師想將課程領域做成每月份的矩陣，且將標準、技巧與態度矩陣分配於一學年九個月（或十二個月）中。此矩陣如圖 2.2 所示。

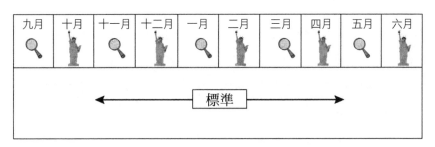

圖 2.2　自然科學／社會研究單元的標準分配圖

如果你以支離破碎且不相關的課程內容來教導矩陣中所有的標準、概念、技巧與態度，會沒有時間完成所有目標。從每天分配的時間架構教導每一學科到全部整合課程，是一個連續性的整體。採取妥協的中間立場能使你教完一個單元，通常可在自然科學或社會課程於所分配的時

間，連續教這些學科。

中期計畫：教學單元

以單元為本位的教學，是想要在開學前花時間思考課程傳授方式的你的另一種選擇。你可以將這些標準與技巧結合成較大的教學單元，使你能同時在許多課程領域中涵蓋多元目標。單元計畫雖然耗時且具挑戰性，卻可以為你節省往後無數的時間，你的教學會較有趣且學生比較不會上到殘缺課程。即使是忙碌的實習教師也能了解單元本位教學的好處。當你熟悉這些標準，自然能形成大單元。

一旦對於必須教學的內容或課程有所想法，你可能得考慮草擬簡短的初始單元，此有助於你有信心面對未來的一年。最後，在你確定名冊且擁有教科書與教材之後，此單元可減輕你開學第一週的負擔。

■■ 單元類型 ■■

至少有兩類單元類型，即教學單元（teaching unit）及資源單元（re-source unit）。教學單元包含一系列與某主題相關的課程計畫，且以特定的學生為目標，考量其需求、興趣及能力。教學單元可能包含在許多或全部的課程領域之教學計畫。

資源單元較教學單位普遍且可於任何年級使用，它是在完整課程中教導特殊主題的理念概要。資源單位包括原理、內容概述、目標設定、標準、學習活動簡要描述、評量及參考書目。這些活動跨越許多課程領域，且為了實施此單元，可能必須為特殊團體兒童撰寫延伸教學計畫。

■■ 資源單元或教學單元的設計 ■■

單元設計的首要步驟在尋找主題，有許多不錯的來源，包括：首要

的是正式標準本位課程文件，尤其是社會課程與自然科學。詢問專家教師分享任一適合各年級的單元，與同事腦力激盪主題及可利用的資源。

A Note from the Teacher
教師筆記欄

> 勿驚慌。如果你不謹慎可能容易被擊垮。著重在你最擅長的學科，且不必害怕求助他人，找出別人較專長而自己較薄弱的領域並與人分享。
>
> ——D. Eyer

　　另一個主題來源是和課程標準有關的個人經驗。著手於你知道且喜歡的一個主題，讓孩子們感染你的熱情。你可能來自與多數學生的種族或文化團體不同的背景，或是你長期在異國生活、工作或旅遊。你可能想分享一直深感興趣的昆蟲或海洋哺乳動物，你可能主修美國史且知道南北戰爭的來龍去脈，如果你感興趣的主題能配合任教年級的課程標準是再好不過了。

　　單元的另一個出色來源是兒童的興趣或文化背景。早在你教學第一年，從事有趣的調查以確定各種主題的內在動機（intrinsic motivation）。在第七章你會讀到有關家長參與文化課程及一般課程支持的建議。

　　當你開始教學時，要把學生列入單元計畫中，在你最後決定任何主題之前，都要先了解你的觀眾已知道什麼、想知道什麼及對此主題的了解程度。Glasser（1998）認為「優質學校」的教師總能讓學生熟練技巧與訊息，校長將引導你尋找有意義的教材。

　　有些老師喜歡用這樣的句子開頭：舉例來說，當我一想到日本……，或我想知道的日本是……。同樣地，你也可以繪製兩張巨幅圖表讓學生們一起腦力激盪：他們知道什麼，以及他們真正想學習此主題的

什麼？如果能藉由陳述學生們的最初問題，你將能在其餘的課程結合他們的興趣。

下一個步驟是發現與主題相關的事物，如果你尚未完全熟悉而無法形成你的內容大綱。教不同科目的好處之一就是在單元研究時，能有機會學習新事物。當我準備四、五、六年級的教學時，即可彌補我自己接受教育時的不足，我們開始在學校或社區的資源中心使用紙本或互動式光碟百科全書，或使用電腦流覽網際網路並搜尋資訊「超速公路」（information superhighway），以補充所選擇主題的資訊。你將發現科學、藝術與博物館網站、國會圖書館、國家檔案處、史密森博物館（The Smithsonian）、動物園、天文台等網站。你可在晚上時間愜意的使用電腦流覽白宮、國會、《國家地理雜誌》及美國國家航空與太空總署（NASA），甚至可以在網站上諮詢專家。使用網路導覽雖是為兒童而設計的，但對教師也非常有益。

你也可以沉浸在圖書館中，找尋相關主題的童書，這聽起來像是比較另類的建議，但為了節省時間，我發現到圖書館尋找適合兒童的非小說類書籍，我可以找到已事先整理好、且以他們及我容易理解的語言來撰寫的教材。我記得有一本關於中世紀的教科書，是以六年級學生的程度所撰寫，有一個內容表格提供我尋覓已久組織單元的方式。

下一個步驟應該是撰寫適合標準的暫時性目標，但因我們知道教師們有權決定教學活動的有趣部分，我將回歸這些目標。坐在一大張紙前面，思考在此單元中會用到的所有有趣方式，將你的暫時性理念畫出來，或僅記錄下來並依據主要的課程領域加以分類。如果你的主題源自於社會課程或自然科學，那就思考適合陳述其理念的語言；如果你的主題源自於文學，就思考包括語言在內的所有可能配合的課程領域。

在腦力激盪單元活動後，回顧你所列出的學年標準大綱，你將發現其中有多項單元都符合標準。雖然這看似本末倒置，但你不是唯一一位

以此方式設計單元計畫的教師。需牢記只有當教材對學生而言是有意義時，才能獲得最佳學習。

▨▨▨ 一個月的單元 ▨▨▨

　　為了使你的生活更快意，你可以選擇每個月一個自然科學或社會課程主題，讓它包含各種學科領域的標準。使用圖 2.2 的表格，你可以建立一整年的計畫，讓自然科學與社會學課程標準符合規範，且在此單元中可以教導數學及語言標準。我常常建議新進教師可以嘗試一個月進行一個單元，例如：一個自然科學單元間隔一個社會課程單元，因此每個課程領域深入一個月後，隔一個月再回來教學。這樣會讓你有較多的時間充分享受社會課程或自然科學教學，且以整合並兼顧學科的公平性，同一天還可進行更多的語言藝術、閱讀及數學教學。

▨▨▨ 單元內的課程統整 ▨▨▨

　　初任教師首先應就一至二種課程領域慢慢地進行統整。一開始的第一單元，可以先統整藝術與語言藝術，直到較適應課程再統整整個歷程。身為初任教師，由於不熟悉年級的課程標準，你必須了解統整的可能性且調整速度。在社會課程中，你可能教一些語言藝術及藝術，但仍有些技巧與概念忽視了統整，你可以感覺到自己慢慢地適應統整教學。

　　最好是採取漸進且自然的統整方式，可能是同時增加一個課程領域，雖然繼續在行程表的指定時間教導基本標準。初任教師不太可能在第一年就以統整方式教導全部課程，事實上，這只是造成過度負荷而讓課程統整被迫像每個課程領域教學一樣。

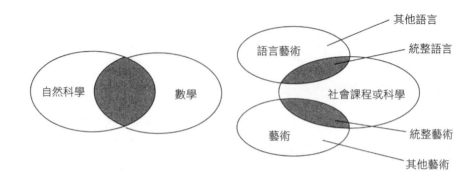

圖 2.3　**課程統整**

　　自然科學與數學較易統整，社會課程或自然科學、藝術及語言藝術也容易統整。在圖 2.3 中你會看到，藉由統整，你可以不必教導所有的課程內容。有些主題或概念、技巧可能只是不受統整於你選擇單元的影響。圖 2.3 中的圓圈表示該處重疊，在藝術時段也教導其他藝術，且在語言時段也教導其他語言藝術等。

　　當你覺得較熟練，你可以增加適合的其他課程領域，直到你十分了解課程且決定統整所有課程領域。

　　此時你可能想草擬適合年級或課程的單元，你可以使用工作單 2.2「單元計畫」；或是使用工作單 2.3「單元評量標準」，一起設計與評量自己的單元。

每週計畫

　　在熟悉課程且完成全面性的長期計畫後，你現在必須準備思考且設計具體的每週及每日計畫。當包含了內容與組織的完整結構，短期計畫較易設計，雖然過程極為耗時。然而，你最後花費在上述這些活動的時

間，將為你節省許多個星期日晚上，你得枯坐在空白的每週計畫書前，等著你填上密密麻麻的小方格。

■■ 安排你的每週行程表 ■■

當你要坐下來撰寫每週行程表時，你需要所有可以影響你行程表變數的充分資訊。舉凡學校組織、學校行事曆及課程分配的時間與順序，都將影響你的決定。所以最好在開始設計時先了解有何限制，避免因意外事件而不斷更改行事曆。

學校組織的影響　你的每週行程表在某些方面是一定會受到學校組織影響的。你設計的可能是獨立的（self-contained）或分為各部分的計畫，亦即，可能期望在一天內教所有學科或讓學生輪流受教於各科任課老師，如同典型的國中教學。回歸主流是許多學校的計畫之一且可採多種形式，找出學校的主流並以此調整你的行程表。

其他組織因素可能也已有所規範，例如：有些學校使用同年齡分組；有些則使用不同年齡分組，重要的是你必須了解組織選擇方式的限制。最好的方式是當你被分派後立即聯絡校長或其他老師，知道學校組織採行方式有助於你控制可獨自決定的因素。

讓我假設你的分派方式反應出許多學校常見的組織方式，亦即獨立的、異質性團體教學。隨著此學校組織的資訊，接著你可決定行程表的內容。

主要學校與地區行程表的影響　盡可能影印地區行事曆與行程表，將它填入你的主要行事曆，所有假日、開放日晚上、家長會議、考試日期、在職進修日及任何特殊的學校與地區事件，都會影響你和你的班級。當你公布你的每週行程表，可能需留意是否有些日子或時間，學生會無法吸收你安排的過多課程內容。

　　接著是學校主要的每週行程表內容，包括：休息、午餐、準備期間、會議、圖書館、電腦室時間等；也列出部分學生參與的活動，例如：演講、樂團、午餐監督，以及資源教師或諮商員參觀。在這些時間不要在行程表增加新內容，將這些每週必須做的事填入行程表，然後你可以在重要、不可更改的時間，複製已填入的這些主要活動。剩下的空白處可由你安排！你可能會覺得特殊活動似乎占據了整週時間，但在複雜的中小學就是如此。

學科分配與順序的影響　州或地區強制每學科的上課時間並不常見，較普遍的情形是由學校安排學科的上課順序。各校常規定閱讀或數學的上課時段，可能的原因之一是允許兒童的跨班分組，你必須盡早發現每個學科的分配時間及是否有任何規定的時段。在中學，區塊行程表（block scheduling）對你的計畫會有很大的影響。

■ 撰寫你的每週計畫 ■

　　隨著地區規定及校長期望的不同，對於你計畫的詳細程度之期待也會互異。有些校長每週蒐集計畫且詳細察看每個欄位，而有些則只要求有寫即可。當你得到這份教學工作時，須立即蒐集此重要資訊，你必須提供該校行政人員期待看到的計畫。最典型的形式是每週行程表或像工作單 2.4 更詳細的「每週計畫」。將這些計畫表保存在活頁筆記本。

　　用鉛筆寫計畫，以利更改！發展出規則，確認適合包括什麼、必須再教的內容，以及從未教過的內容、概念、特殊組合。你可能也想確定哪些活動宣告失敗、很有趣及需要較多時間。當你回顧前一週的計畫，在寫下週計畫之前，使用符號或不同顏色的檢查記號，教師們也常採用便利貼或標籤，附加在你的計畫書協助你記得必須複習、再教一次、不必再教的內容等。如果你設計出一套有用的系統，將為你節省許多記憶

是否已教過的活動及成效如何的時間。在你撰寫每週計畫時，不要計畫在一週或一天之內就要教完一年的課程。要循序漸進地計畫，亦即以小部分、容易消化的片段來撰寫。

多元計畫

若你的計畫較具特定性，則需確定能符合班級各兒童的種種需求。Davidman 和 Davidman（2001）發現大部分的課程、活動與單元可以轉化成反思多元文化的焦點。當你要把長期與中期計畫轉化為實際的班級教學時，必須思考如何修正教學內容以符合特殊需求兒童，例如：高成就者或不同學習風格的兒童。對於第二語言學習者可能也需修正你的教學及英語發展計畫。Peregoy 和 Boyle（2001）及 Diaz-Rico 和 Weed（2001）提出許多有效的英語發展技巧，例如：使用視覺、具體目標及學生經驗以支持教學。在第六章你可以發現修正教學以符合多元班級學生個別需求的具體建議。切記，兒童一般從身旁、具體經驗者習得是最佳的，且 Gardner（2000）的多元智能理論意指需適應學生的學習風格。他認為有 8½ 項智能可獨自運作：語文的、邏輯數學的、空間的、音樂的、肢體動覺的、人際的、內省的、自然的及存在的。應用在教學上也是如此，因為兒童可能有不同的智力模式，應修正教學以發展且培養個人利己的、自然的傾向。Levine（2002）認為教師應確認且教導八種大腦「神經發展」領域的優勢與劣勢。

每日計畫與教學計畫

是否需要像實習期間一樣，撰寫每日教學計畫甚或個別教學計畫，端視有多少資訊可填入每週計畫，以及對於計畫與教學的掌握程度。特

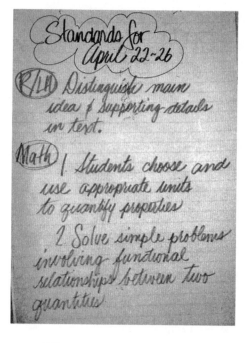

定的教學較需要詳細的計畫，有些則需要額外計畫，例如：藝術、科學實驗、社會課程模擬、新體能教育（physical education, P. E.）與技巧及其他介紹兒童不熟悉的技巧或概念教學。教學計畫將減緩你的焦慮並提供實際的教學方針給臨危受命的代課老師或行政人員。

務必使用你的每週計畫書約略地補充複習或例行的教學，或在各種教師手冊中，清楚地勾勒出要點。要確實指出你的每日計畫中必須有較詳細的教學地圖可依循的課程。你可使用工作單 2.5「每日教學計畫」來草擬自己的每日計畫，一個你

可依循的路徑圖。可影印此基本格式以節省撰寫時間。引導學生進入你每日所著重的標準。

如果有時間你可以詳細地全部寫出你的計畫。許多教學最後會自我矛盾，因為教師內心並不清楚歷程，或不能思考組織形式，或不能預期到所有必須使用的教材。此觀點並非要你重複工作讓你撰寫從每年、每月、每週到每日，或到個別的早晨幾小時的教學計畫。當你要詳細計畫時，你就會了解，那些特殊事件本身會因為焦慮、苛責感、教學太複雜等，而無法順利進行。此時你可能想擴充每日教學計畫（工作單 2.5）或以你在實習期間較熟悉的形式，撰寫個別教學計畫。複製你曾使用的任何計畫形式或適當的混合與配對格式，主要的標題你必須已有準備。然後將它填入空格中，放入活頁夾。

最後的叮嚀

　　在開學前幾週及之後，你會發現，你深思過的計畫會是令你舒適安心的安樂毯，你的教學最終來自於你的計畫與學生的需求、興趣、準備度之間的動態互動的結果。有些教師強調課程內容，有些重視學生，因此有必要平衡兩者，以學生為中心且讓課程適應他們。

　　謹慎的計畫並非意味著計畫是死板、一成不變的。它們可以也將會改變！但你必須計畫。計畫將帶給你步入班級的信心，成為充分準備的專業人員，做好準備去適應你的學生。當你感到焦慮時，翻開你的計畫書且自在地面對無可否認的考驗，你才能真的知道自己在做什麼。

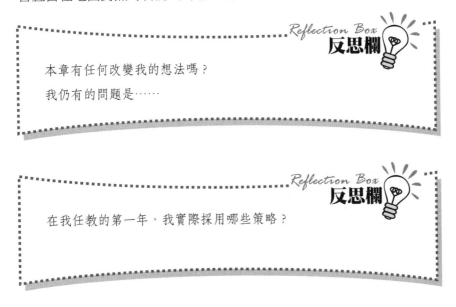

Reflection Box
反思欄

本章有任何改變我的想法嗎？

我仍有的問題是……

Reflection Box
反思欄

在我任教的第一年，我實際採用哪些策略？

延伸閱讀

Campbell, D., & Harris, L. S. (2001). *Collaborative theme building: How teachers write integrated curriculum.* Boston: Allyn & Bacon.

California Department of Education. (2001). *Taking center stage: A commitment to standards-based education for California's middle grades students.* Sacramento, CA: Author.

Jones, Jeffrey M. (2002). *The Standards Movement—Past and Present.* Retrieved July 12, 2002, from http://www.execpc.com/~presswis/stndmvt.html

Marzano, R. J., Pickering, D. J., & Pollack, J. E., (2001). *Classroom instruction that works: Research-based strategies for increasing student achievement.* Alexandria, VA: Association for Supervision and Curriculum Development.

Marzano, R. J., & Kendall, J. S. (2002). *The Fall and Rise of Standards-Based Education.* Retrieved July 12, 2002, from http://www.mcrel.org/products/standards/fallrise.asp

Marzano, R. J., & Kendall, J. S. (1998). *Implementing standards-based education.* Washington, DC: National Education Association.

Ravitch, D. (1998). *National standards in American education: A citizen's guide.* Washington, DC: The Brookings Institution.

Solomon, P. G. (1998). *The curriculum bridge: From standards to actual classroom practice.* Thousand Oaks, CA: Corwin Press.

參考文獻

Davidman, L., & Davidman, P. T. (2001). *Teaching with a multicultural perspective: A practical guide* (3rd ed.). Boston: Allyn & Bacon.

Diaz-Rico, L., & Weed, K. (2001). *The crosscultural, language and academic development handbook* (2nd ed.). Boston: Allyn & Bacon.

Gardner, H. (2000). *Intelligence reframed: Multiple intelligences for the 21st century.* New York: Basic Books.

Glasser, W. (1998). *The quality school teacher* (Rev. ed.). New York: Harper Perennial.

Levine, M. (2002). *One mind at a time.* New York: Simon and Schuster.

McCutcheon, G. (1980). How do elementary school teachers plan? The nature of planning and influences on it. *Elementary School Journal, 81*(1), 4–23.

Peregoy, S. F., & Boyle, O. F. (2001). *Reading, writing, & learning in ESL: A resource book for K–8 teachers* (3rd ed.). Boston: Allyn & Bacon.

教學計畫與祕訣的精選網址

www.edhelper.com   教學計畫、網路搜尋、免費工作單、附帶考試準備與問題。

www.teachnet.com	教學計畫的點子;班級組織與經營的建議,附帶布告欄創意及遊戲。
www.col-ed.org/cur	以主題及年級為主的美國哥倫比亞教育中心(Columbia Education Center)教學計畫。
score.k12.ca.us	加州線上教育資源學校(Schools of California Online Resources for Education, S. C. O. R. E.);連結全國及加州標準的教師測驗教學計畫。
www.learningnetwork.com	教學計畫及各項資源的學習網絡。
www.ed.gov/free	教育卓越聯邦資源(Federal Resources for Educational Excellence, FREE);提供連結至聯邦政府所有教育資源。
www.pbs.org/teachersource	PBS 教師資源。
www.att.com/learningnetwork/ index.html	AT&T學習網絡;教學計畫、參考文獻;管理祕訣、方案等。

有關標準訊息的網址

www.aft.org	美國教師聯盟
www.edweek.org	學術標準專論
www.ed.gov	美國教育部
www.mcrel.org/standards-bench- marks	中洲際聯盟地區教育實驗室(標準訊息的極佳來源)

www.nctm.org	全國數學教師會議
www.ncss.org	全國社會研究會議
www.nsta.org	全國科學教師學會
www.ira.org	國際閱讀學會

教材與教具

我認為……

教學教材與教具的可能來源有（包括學校、地區、機構、同事、家長）……

訂購教材是……

班級中的科技是……

免費或廉價教材的來源有……

　　有些事情在方法論的課程中你永遠學不到；常常你只能從經驗——且大多是錯誤的經驗來學習，例如：在學校中當「佳餚」（教材與資源）分配給老師們，因為只待一年你就必須離開，因此你得向每位老師學習所有可以成為有效教學的用品。在本章中所陳述的前輩經驗將協助你有所收穫，且可使你成為「爭取學校物品」（school stuff scramble）及「掌握一切」（grab what you can）等師資培育未曾教導的策略專家。

　　當你參觀學校時，會發現教室中看起來塞滿許多教材與教學用品，當你繞行至教材資源中心及貯藏室時，可在這真實的「糖果屋」拍照，並挑選有助於教學的事物。但你可能很難想像開學時教室裡只有四面空牆，除了學生的桌椅及老師的桌子外，什麼都不會有。聽起來像是一場惡夢嗎？是的，而且這可能發生在你身上。我便有過這樣的經驗，也可

能發生在其他教師身上，但可確定的是，如同之前我所言，這種情形通常只有一次。如果你能從他人的經驗中學習，就再也不會發生在你身上。本章將協助你如何聰明地蒐集、整理、購買及使用教材。

教師筆記欄 *A Note from the Teacher*

在那二月份命中注定的某個下午三點半，我接到我未來的校長來電提供我第一份工作，因為學生人數過多，他將新增一班幼稚園而我將成為該班教師——而且就從「明天開始」！於是在 24 位小朋友到達之前，我趕到了步行約需八小時之久的學校，只見教室空蕩蕩，沒有桌子、椅子、壁飾，我很快地與其他老師們套交情，請求他們借我椅子、桌子、小型教材，並在隔天早上八點半準備前往學校。

——J. Christian

找尋你的資源

我曾與一位國際知名的基礎教育專家一同拜訪一所即將招生的學校，當校長帶領我們參觀建築物時，這位專家隨意地停下腳步並渴望看到廢棄物——沒錯，就是垃圾。她在某個角落發現丟棄的紙板及評定整潔分數的卷宗（portfolios）。在另一個區域她打開突然露出的嶄新櫥櫃並發現其他寶藏——各式各樣的梅索奈特板（Masonite boards，一種絕緣用的保溫硬質纖維板）。她從垃圾桶拿出一個大型的飲料杯及一個被丟棄的盒子，然後動手做成一輛火車。她在此示範了平日在影片及座談會中的宣導理念——使用日常生活的材料來教學。對她而言，身為不太富裕的英國教師，教師生存之道即在於成為一隻狐尾大林鼠（pack rat，有儲藏小物之習性），這對我們來說正是最佳的啟示。

你或許會說那是「垃圾」。「我可以在房子或公寓裡看到成堆的垃圾侵略著我的生活空間。」是的，你必須將蒐集到有需要的教材放在壁櫥或某個角落：儘管需要為發明之母，忙碌的教師關鍵在於購買教學所需的教材。但何時較佳呢？開學前的幾週是最佳的儲存教材時機。

學校資源

最壞的情況是，你在開學前進入教室發現僅有四面牆壁、基本的日用器具且無任何教材。在深呼吸五分鐘後，你必須有所行動，在校長、資源專家、助理校長或其他老師的協助下，由學校提供教材目錄，你必須確定這些是可分享的資源。你指定目錄中的教具應立即可取得，但也可能是因為剛開學的緣故而耽擱了。與其問：「有什麼教具？」這樣的開放性問題，不如使用工作單 3.1「學校教具與教材目錄」具體指出你的問題。此工作單包含了課程領域，且有留白的空間以便增加你自己需要的項目，懂得善用空白處來記錄教材放置處是很重要的。許多有經驗的研究生在調查各自學校的資源與教材時，才發現自己從不知道上鎖的大門及櫥櫃背後的珍貴寶物。在工作單 3.1 中以關鍵字來記錄存放位置欄（例：O 代表學校辦公室，D 代表地區資源中心）。學習如何安全地使用此設備吧！

工作單 3.1

![教師筆記欄] A Note from the Teacher

我在教師辦公室時，有另一位老師正在使用護貝機，他突然「尖叫」，原來他的領帶鉤住了護貝機。幸運的是，有位新進教師立即關掉電源，我們在打結處剪斷領帶。這個故事的教訓是：使用護貝機時，不要穿戴會懸擺的衣飾，且隨時放一把剪刀在旁邊。

——A. Petrie

地區資源

當你調查了學校可用的資源且將其編碼後，你會發現還有許多零散的資源，此時你有各種選擇，首先是了解學校當地是否有媒體中心、資源中心或課程圖書館，這些都是校際教材分享的資源寶庫，確定這些金礦藏在何處是十分重要的。當你拜訪地區資源中心時，我建議盡早攜帶工作單 3.1 且核對任何你能在這裡找到且在學校不曾發現的教材，並在存放位置欄寫上「D」，以提醒自己這些教材可在地區資源中心找到，並確定借用程序、借出期限及是否可續借。

當你拜訪地區資源中心時，你也要了解非印刷媒體資源，可翻閱影片、幻燈片、錄音帶、錄影帶、影碟、電腦軟體、CD-ROM 光碟、雷射唱片、相片、唱片、卡帶、海報及其他教材目錄，有時這些表列於單一目錄，有時分散在許多目錄。這些參考資料極有助於你計畫你的教學單元且決定想包含的主題。老實說，可以方便的教材為基礎來選擇主題，例如：在社會科目中如果我必須在兩個同等重要的主題做選擇，我會選擇擁有龐大教學材料的支持系統，如此才能利用教材彼此支持。但要小心過濾你所選擇的教材是否有任何性別、種族、民族、文化或年齡刻板印象與偏見。

其他機構資源

在調查過地區教材後，你可能想了解其他常被忽略的免費教材來源：國家與大學圖書館及地方博物館。國家圖書館日漸添購且出借許多教育遊戲與教材給家長和教師。師資培育課程之大學則常提供大量教材供職前教師與一般民眾借用。自然科學或社會的特殊設備可向當地大學的自然科學與社會科學系及中學借用。博物館也可以出借陳列品與成套用品給學校，且常有解說人員帶著各樣東西（從蛇到美國原住民手工製品都有）到班上解說。

■ 學校同事 ■

現在你的目錄中還找不到的教材已經不多了，但仍有其他來源。可求助於校園中的協同工作人員（co-workers）或資源專家。也可向學年的同事或中學教師團隊借用你所需要的教材。有一所特殊學校，在教師餐廳張貼教師們所需要的教材或教具目錄，有該教材者只需在空格上簽名，發起人就會聯繫雙方（見圖 3.1）。你也可以在自己的學校成立此系統，主要是為了自身的利益，因為新進教師比起任何人都缺乏資源。但你不會總是新進人員，因此此系統會運作順暢。一旦已取得教材，則刪除該項目，可使用黑板，以利擦拭更新。

所需教材	數量	需要日期	需要者	可提供者
剪刀	9	3/22	Sue Jones	Sally L.
地球儀	1	3/24	Don Gray	Sandy G.
電爐	2	3/25	Jill T.	Sue Jones Bob R.

圖 3.1　**教具與教材交換板**

■ 家長也是來源之一 ■

學生家長也可以是教材與教具的另一項來源。只要簡單的說明，家長就能製造出驚喜，可請家長提供不需花費金錢的東西。例如：在班級中可能需要各種置物箱，與其自己到處蒐集，不如請家長協助。各種不同口味和品牌的大型冰淇淋桶，一旦堆積起來就隔成許多小空間；將鞋盒或牛奶盒的前緣切掉，或利用酒盒如法炮製，也會有同樣的效果。大

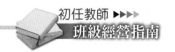

型麥片或肥皂粉箱斜切後，可做成堅固的檔案盒、書架及紙盒（見圖
3.2）。你可以將所需的置物箱目錄副本（加註適當的說明）並附上一
封客氣的信函裝在信封裡寄給家長。這裡提出一些建議：

項目	所需的置物箱
漿糊	底片盒
鉛筆／原子筆	果汁／咖啡罐
蠟筆／原料	雪茄盒
剪刀／畫筆／尺	咖啡罐
顏料罐	果汁罐
調色盤	奶油罐
檔案夾、遊戲用具、影印資料	厚紙箱、麥片及肥皂粉箱
盆栽	剪開的牛奶盒
烹飪碗	奶油罐
數學教具：乾燥豆、團體用的鈕釦與蠟筆	奶油罐

團體用的蠟筆   大型奶油罐、草莓藍

組合用具   泡棉托盤

小壁櫥   冰淇淋桶、牛奶罐

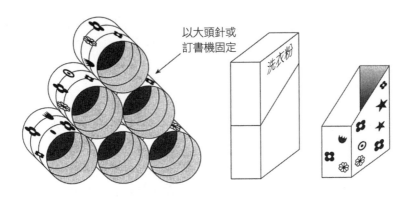

以大頭針或
訂書機固定

洗衣粉

圖 3.2　另類貯藏所

A Note from the Teacher

教師筆記欄

　　確定你有適當的教具以進行教學。在中學任教的第二天，我在白板上寫滿了完美的教學內容，當快完成時，我因為寫錯了一個地方而試圖擦拭，才發現原來我用「油性筆」寫滿整個白板！我只好整天維持現狀，直到管理教室的同事帶來正確的清潔劑。 ——C. Van Marter

　　你可求助家長提供一些特殊或一般的教材。寫信給家長可以幫助你獲得需要的教材，且節省自己的資源，或學校分配的資源。一些較特別的教材與教具，必須在信中加以說明，詳見以下兩則短例。

　　親愛的家長或監護人：

　　　　我們正在籌畫班級設備以減少開支，可以請您提供家中的各種罐子，請先加以清洗並弄平粗糙的邊緣，並保留完整標籤。我

們可能也需要空食物盒與塑膠容器，請在十一月份第一週，由小
朋友帶到學校。活動至該週結束即停止，並歡迎您來班上看看我
們的成果。非常感謝您的協助。

　　誠摯祝福您

Jan Garcia 老師
及三年一班全體同學　敬上

親愛的家長或監護人：

　　我們正準備蒐集接下來一年要使用的藝術教材，請詳閱目錄
並將您手邊現有的物品在九月份期間帶到學校。我們在此先感謝
您，您的協助將使得藝術課更有趣。

剩餘紡織品	當作工作服的舊襯衫
紗線	做造型紙漿的報紙
棉花棒	作為顏料罐的果汁罐
剩餘壁紙	裝漿糊的底片空罐
瓶蓋	奶油罐
木頭碎片	裝畫筆的咖啡罐
賀卡封面	木製線軸
廢棄的架子	蛋盒
剩餘厚紙板	牛皮紙袋
衛生紙滾筒	瓦楞紙

為便於分類教材，請以棕色紙袋包裝上述物品並貼上標籤。很感
謝您的合作，且希望您喜歡此計畫及我們日後的成品。

　　誠摯祝福您

橋港中學美術老師
Mark Horowitz　敬上

可使用工作單 3.2 羅列需要家長提供的教具與教材；可以用它來撰寫一封信，並在開學第一週請學生帶回家。中學教師可增列與學科領域有關的教具。此外，你可能需要更多的檔案夾、便利貼、索引卡及立可帶。檢視一下連上電子網路或你所需要的無線網路解決方案（air port）的科技。如果你熱中使用簡報，可能需檢查液晶投影機能否使用，在花錢購買之前，可先諮詢部門主任或團體領導者哪些器材較有益。

如今你可能已蒐集到許多教學資源，擁有這些教材資源，你也可使自己成為具競爭力的狐尾大林鼠，但你可能需要一些即使想方設法也無法蒐集到的特定教材。

明智地訂購教材

現在你已跨過募集階段且準備訂購無法蒐集到的教材，你該如何申請經費來購買教具？如果有所選擇，你將訂購哪些？

不同的地區與學校對購置教具政策有極大差異，你必須詢問校長，校長會很樂於讓你知道：(1)你是分配到獨立預算的少數幸運者之一；(2)學校將合併你與他人的需求，由校長或學校委員會排列順序；或(3)今年的預算已用盡，只要他們有預算的話會再分配資源給你。

此類訊息也可從同事、政策白皮書、學校祕書、資源專家或其他途徑處得知。通常在第一次教職員會議後，校長就會列出此程序，但因早起的鳥兒有蟲吃，你必須及早努力。

如果你符合上述(1)或(2)類，實在很幸運，且可以開始思考以下問題：如果可以選擇，我應該訂購什麼？如果你屬於第(3)類，你將在本節中學習到如何在等待預算時，尋求免費或廉價的教材資源。

再次提醒你，工作單 3.1 是最佳的起點。如果你贊成「為未來多訂

購」的哲學觀，你可以檢視勾選「無」的欄位，並留意以下準則：

　　　　訂購有助於符合個別差異的教材。

　　　　訂購非消耗品教材。

　　　　訂購耐用、可持續使用、適用的教材。

一般符合上述三項標準的教材包括：

袖珍圖表	電腦軟體
地球儀、地圖	錄音帶、CD、唱片
操作性教具	課外閱讀書籍
手寫圖表	藝術書籍
數線	貯存與檔案櫃
幼稚園遊戲設備	書架
自然科學與社會科教具	智力測驗遊戲、活性試劑盒
錄影帶、CD-ROM 光碟、DVD	法蘭絨布板（塊）
教育模擬遊戲	日曆、辭典、案頭百科全書
詩歌本	笑話、謎語及幽默故事集

適合各年齡層的日常律動錄音帶與音樂帶

　　如果你得到其他同事的支持並且向行政單位提出你的特殊需求，那麼列出符合這些需求的教材清單及其實際價格，且列出同事希望能分享購買的教材目錄，會比較容易通過核准。

　　有些老師從另一個觀點來考量教材的訂購。這些是所謂「引人注目的消費者」（conspicuous consumers），他們在學校已擁有許多永久性非消耗教材，要不就是連最基本的紙筆用品都缺乏。像這類幸運的或是匱乏的教師所訂購的消耗性教材包括：

紙、筆、書籤	消耗性活動簿
影印機	評分手冊

計畫書   美術材料

獎品   略圖地圖

證書   圖章與貼紙

　　你個人訂購教材的優先次序仰賴於學校的授與程度，能從他處得到多少資源及你的需求。填妥工作單 3.1 教材清單之後，你應較能了解無法得自學校、地區、地方圖書館、中學、大學、博物館、同事與家長的資源有哪些。開始填寫工作單 3.3「我無法蒐集或借到而必須訂購的教具」列出你想訂購的項目，這些項目應該要是不易得自他處的資源。你可以不時增加或去除任何項目，在第二欄寫下每個項目的簡要理由，如果你需要較高級的項目，可寫下強烈的堅定訴求原因。

班級中的科技

　　如同本書前一版所提及，教師們使用現代科技的情況已明顯增加。國家教育統計中心（National Center for Educational Statistics）在 1999 年調查中小學教師使用科技情形，Williams（2000）發現有 99%的專任教師已在學校中使用電腦或網際網路。有 23%的教師已充分準備好使用電腦或網路，而有 10%的教師也已準備好能勝任。擁有電腦或網際網路設備的教師，有 39%會用電腦來設計教材或輸入行政資料，新進教師比起資深教師更常使用網際網路做這些事情。擁有電腦或網際網路設備的教師不到 10%會用其從事教學計畫或研究「最佳教學」（best practices）。

不要懷疑與抗拒科技產品

　　在現今的生活中，我們接觸到各種「科技玩具」（technotoys）：傳呼器、手機、錄影機、自動櫃員機、CD 播放機、影印機、傳真機、

電腦化食物標籤條碼、電腦化分類卡目錄、電視遊樂器、實境遊戲等推陳出新。雖然新科技無所不在，在學習過程中，你仍然可能抗拒或感到威脅而較少應用科技於班級中。放輕鬆，仍然有許多方式可提升自己的知識與技巧。新進教師日漸仰賴電腦來完成其教育。在許多班級中必然有不少學生比老師還熟悉電腦，你也可以和學生一起學習所有在你開始教學前還未出現的新科技產品。

▇▇ 為何使用電腦？ ▇▇

在教室裡你擁有一位安靜地坐在那裡、不需要打卡而只需餵它磁碟片或光碟的教師助手——就是你的電腦！它不會讓你苦惱的生活更加困擾，它能實際減輕教師工作最繁瑣的一些負擔，例如：成績管理、家長溝通，以及其他費時的工作，像是計畫及找出資源來支持你的課程目標，和尋找適合及符合個別差異（尤其是特殊需求學生）的活動與教學資源。

　　將你的電腦想像成一位聽命於你的機器人，一台會為你服務且不會盲從的工具。首要步驟是列出這位電腦助理的目標，評量在教學與組織上想要達成的目標，以及你所擁有和你所需要的額外工具。你的清單可能需包含以下這些課程與個人目標：

課程範例與教學目標

- 藉由動機性軟體（motivational software）支持及延伸課程。
- 將電腦作為一種分享工具，可促進合作學習、社會化及學習英語（Burgess, Robertson, & Fry, 2000; Burgess, Swiryn, Burgess, & Robertson, 2000; Poole, 1997）。
- 讓你的班級與國內其他班級彼此交流分享訊息。
- 使用諸如多媒體百科全書、CD-ROM、光碟等提供研究機會。
- 藉由模擬提供問題解決的機會。
- 經由 e-mail，使兒童與他人配對成「電腦夥伴」。
- 鼓勵使用訊息資料庫。
- 藉由使學生參加線上討論，以提升溝通技巧。
- 增進寫作與桌上排版系統技巧。
- 強化特殊技巧。
- 使用數位相機將學生的照片製作成日曆、相簿、布告欄。
- 在網路上進行研究。
- 使用諸如 Print Artist 程式，製作賀卡、標語與信箋。
- 以網路多媒體設計「虛擬野外實察」（virtual field trip, VFT）。
- 以網路尋寶（Internet scavenger hunt）網際網路教學活動挑戰學生。
- 設計各種的視覺組織圖（graphic organizer）。

節省（教師）個人的時間

- 管理卷宗（portfolio）。

- 發現課程計畫與主題單元。

- 在網路上研究你的計畫內容。

- 出測驗考題。

- 事先上台試教。

- 與家長有效溝通。

- 探討或建構與課程有關的遊戲、字謎、填字遊戲、工作單。

- 評分與記錄。

- 提供教師（溝通）的個人生產力。

- 使用諸如 Microsoft Word 文書編輯軟體，撰寫家長備忘錄。

- 設計時事通訊及榮譽榜的樣式。

- 使用試算表或諸如 E-Z Grader、Gradekeeper、Gradebusters 軟
  體，來記錄與評分學生的作業。

- 為每一位學生建立個人檔案夾；依照科目或班級的不同，讓學生
  將作業儲存在他們的個人檔案夾。

- （可透過校園伺服器）寫電子郵件給學生及家長。

- 建立並更新代理教師檔案。

開始行動

　　很多教師閱讀至此可能已準備放棄了，因為有些電腦術語令人感到
不知所措且陌生。你並非唯一有這種感覺的，我們多數都是藉由努力、
嘗試錯誤、在職進修或從同事身上習得事物，而不是藉由一些神奇的科
技優勢。如果此領域你未曾涉獵，可以從學校、地區，更重要的是你班
級中的網路尋寶線上教學活動開始（Garfield & McDonough, 1996）。
你曾有權使用電腦、數據機、唯讀播放機（CD-ROM drive）、電視、

手提攝影機、數位相機、雷射影碟機、掃描機、LCD 或網際網路嗎？檢視能使上述硬體有效運作的資源，像各類軟體程式，包括：互動書籍、技巧程式、文字處理、繪圖與應用程式、資料庫、試算表、超媒體程式等。如果你不熟悉這些術語，可查詢電腦用語小辭典，將使你容易理解（Hayes, 1995; Lifter, 1997; Sharp, 2001）。

同樣地，花一些時間學習教師實用程式，也可以立即受益，例如：「教師工具箱」（Teacher Tool Kit），能幫助你設計文字搜尋、文字組合及多重選擇測驗。Grade Busters 是可利用資料庫以輕鬆記錄與評量成績的範例。The Print Shop Deluxe 或 Kid Pix 程式，則有助於設計傳單、邀請卡、布告欄標語及獎狀。建議電腦初學者可從各種教育目錄中選購軟體。

隨著需求日增，讓自己一步步擴充資訊。當我必須在家中與同事溝通時，我開始學習如何在家中發送e-mail且接收訊息。節省時間與體力可能是學習新事物非常重要的動機來源。可嘗試一些能吸引你的學習風格之建議：求助學校教師或任何人；計畫選修課程或參加工作坊和在職進修；讓學生協助你學習；參加電腦使用者團體並交換版權公開的軟體。美國加州的Computer Using Educators（CUE）公司可提供你這方面的訊息。同樣地，一般教師的雜誌常包含有效使用電腦的理念，且特定的電腦雜誌如：*Leading & Learning with Technology* 與 *Electronic Learning*，則會提供課程計畫與教學策略，甚至是管理只有一台電腦的教室。這些資源將列於本章末。

最後，把握每個學習電腦的機會。有許多網站特別適合想整合科技的教師（Hopkins & Hopkins, 2000; Sharp, Levine, & Sharp, 2002）。你可採用許多已事先設計好、省時的課程計畫網址，再也沒有其他方法比這能讓你更快上手了！

■■ 只有一台電腦的教室 ■■

一旦教師擁有電腦操作與應用的基本知識，在班級中對於電腦的主要問題，就是「面對 30 位學生及僅有的一台電腦，或者幸運的話有兩台或三台，我如何進行電腦輔助教學？」

在低年級教室，教師常使用電腦作為許多學習中心之一，而讓學生輪流使用，教師可以在每間教室中使用連接器連結錄影機（VCR）或單槍投影機（LCD 儀表板），然後讓學生兩位一組輪流至團體中間使用。在較低年級班級中，協助者與義工媽媽能幫助你管理電腦輔助教學。混齡班級的導師則可邀請較高年級學生協助低年級學生。

在中學及較高年級也可採用此相同技巧。教師使用錄影機連接器或單槍投影機，能呈現團體課程的文書處理程式、虛擬或教育遊戲。當全班注視螢幕時，學生們輪流建議下個句子、編輯文件或志願回答。在主要時間或輪流時段，學生們以團體為單位使用電腦。較高年級常以二位或三位學生為一組，一起使用虛擬或教育遊戲，例如：由 MECC 出版的 *The Oregon Trail*。此期間是規則與工作任務明確的合作學習時段，且可藉由分派特定角色，讓團體成員相互依賴。

有些學生家中已有電腦，因此你可能想要提供更多電腦使用的時間給家中沒有電腦的學生。你可讓學生兩人一組使用電腦，如果你想讓他們進行合作學習，例如每四位同學一組，他們可以每天輪流記錄且寫電腦日誌。有些老師可能會用冰棒棍子或一組遊戲卡來寫上名字抽籤輪流，有些使用號碼表或以學生的學號輪流使用電腦。有的教師在學習中心時間讓學生二人一組輪流使用電腦；有的老師則安排輪流使用表，開始慢慢進行同儕教學或將生手與會使用電腦的學生相互配對。可以聚焦於你喜歡的課程領域，選擇一種程式來支持教學。在你熟悉之後，將此程式教給一些能教導他人的學生，然後你再去學習其他程式。由 Teacher

Created Materials 出版的 *Managing Technology in the Classroom*（Hayes, 1995），以及 Garfield 與 McDonough 的 *Creating a Technologically Literate Classroom*（1996），都有許多科技支持（technology-supported）單元的範例。

　　當你評估軟體時，可以問自己這些問題：

- 此程式支持且延伸你所設定的教育目標嗎？
- 此程式能抓住學生的注意力且重視教學語言嗎？
- 活動發展是否適切？
- 此程式有開放式機會，使學生能不斷重複使用嗎？
- 有不同的難度嗎？
- 此程式對學生來說是有趣的且容易使用嗎？
- 此程式給予正向立即回饋嗎？
- 此程式不必聲音就可執行，因此在課堂其他時間執行時不會發出嗶嗶聲、叮咚聲及嘎嘎聲？

以下是在教室中使用電腦的其他方針：

- 確定學生沒有使用家中帶來的磁片，以避免電腦中毒。
- 至於人類的病毒，建立學生在使用電腦前必先洗手的規定，每日應分配學生使用特殊的電腦抹布清潔鍵盤、螢幕、滑鼠，這可以是值日生的責任之一。
- 放學前，應覆蓋電腦以防灰塵。
- 每週結束前，確定電腦有否不適當的內容或暫存檔，且將不再需要的檔案丟到資源回收桶。然而，在刪除「任何」檔案前，先貯存到備份磁片，以防萬一。

繼續尋找其他教材

現在你可能已經了解更多學校或地區的資源與教材。然而，仍有一個問題：外界還有哪些免費的資源與廉價的教材？目前為止如果你已滿意所得到的教材，那你可略過此節。但如果你立志成為貨真價實的狐尾大林鼠、學校供應物的行家、教學資源的殺價好手，或是如果你跟大多數初任教師一樣，無法過度花費薪水，就讓我們繼續讀下去，開始尋找免費教材與廉價教材的來源。

■ 免費教材指南 ■

首先且最重要的免費教材是書籍，我們可以藉由書名，得知其節省的訴求。這些指南包含豐富的教材，使教師們得以完成最初的投資。你可建議學校圖書館或資源教室每一個主題訂購一項，這是免費分享書籍中豐富內容的一種聰明方式。Educator Progress Service 公司出版了以下書籍及其他同樣有助益且常更新的書目：

《免費教材教育人員索引》（*Educators Index of Free Materials*）
（針對特定主題）

《免費課程教材國小教師指南》（*Elementary Teachers Guide to Free Curriculum Materials*）

《免費影片教育人員指南》（*Educators Guide to Free Films*）

《免費錄影帶教育人員指南》（*Educators Guide to Free Videotapes*）

《免費科學教材教育人員指南》（*Educators Guide to Free Science Materials*）

《免費輔導教材教育人員指南》（*Educators Guide to Free Guidance Materials*）

《免費社會學研究教材教育人員指南》（*Educators Guide to Free
Social Studies Materials*）

《免費健康、體育及休閒教材教育人員指南》（*Educators Guide
to Free Health, Physical Education, and Recreation Materials*）

　　《教育家》（*Instructor*）雜誌出版每月專欄「最好的賭注」（Best
Bets），其中包含一些免費教材；其他教師雜誌也有相似的作法。學生
可寫信向免費指南《兒童免費材料》（*Free Stuff for Kids*, 2000）索取列
在上面的資源，由 Meadowbrook 出版社出版。

■■■ 免費書籍 ■■

　　如果當地政策許可，可藉由鼓勵學生捐助書籍至學生圖書俱樂部，
以慢慢累積班級中的免費圖書資源。通常訂購一定的數量，教師可選擇
特定數量的免費贈書，雖然這看來只是小小的回饋，卻可實際累積免費
且目前市面上的書籍。你可加入刊登在各種教師雜誌廣告中的教師讀書
俱樂部，為你的班級圖書館獲得一些免費書籍。退流行的書籍可從公共
圖書館中取得，它們常淘汰一些舊書，好為新書收藏保留空間。在舊貨
交換會、車庫大拍賣及二手書店，也可找到廉價交換書籍。

■■■ 當地社區 ■■

　　如果你正在尋找各類免費教具與教材，可留意鄰近社區各種商業營
業所。以下是一些極佳的搜尋處範例：

地毯公司　　　　　　　　　　　　　藝術類樣書

　　　　　　　　　　　　　　　　　起居室剩餘零頭布料

　　　　　　　　　　　　　　　　　填充泡棉

　　　　　　　　　　　　　　　　　地毯材料

壁紙店	藝術類樣書
	廢材及二手書
超市	厚紙箱（盒）
	泡棉托盤
	塑膠籃
	季節陳列物
	過期雜誌
木材堆置場	木材碎片
	木偶暗榫
	鼠籠的木材
雜物店	鈕扣、金屬片、亮片、紗線、錄音帶、裝飾品、針、線
鞋匠	殘餘皮革或鞋帶
冰淇淋店	當小壁櫥用的三加侖桶子
乾洗店	鐵絲衣架、塑膠袋
影印／列印店	各類顏色、形狀紙張
磁磚公司	馬賽克磚瓦碎片、鐵板
修車廠／汽車維修中心	車輪、車胎、車輛廢件
電話公司	彩色電線、出借電話
花店	電線、泡棉塊、棉紙
旅行社	旅遊海報、小冊子

　　我在家庭修繕店買了兩塊白色淋浴板，他們免費幫我將它切割成十二小塊。學生們極為珍惜，用麥克筆在板子上記錄他們的團體作業，這些「廉價」又方便擦拭的板子引起學生們高度興趣且愛不釋手。

——I. Martin

　　初次詢問店家時，可能會感到難為情；第二次仍感不安；第三次之後，你將成為專家，會受到正向反應的增強。核對地區工商名錄與電話黃頁，確認一些潛在的資源。使用工作單 3.4 搜尋工商名錄，開始你的搜尋名單，當教材需要時再補足，此有助於記錄你的來源。

　　社區也可能是免費、非消耗品資源、服務、實地考察之旅的來源。在課堂上要求職前教師在鄰近地區尋找特殊且免費的服務或實地考察，我認為此作業可得到豐富的資訊，這是搜尋的最終目的且結果總是令人驚喜的。以下有些免費實地考察範例，可在自己的領域中，請當地的商業營業所安排：

速食餐廳	參觀運作情形
花店	教兒童學習製作胸花
玉米餅工廠	參觀及學習如何製作玉米餅
州法院	參觀法庭；觀察審判情形
牛奶廠	參觀製奶設備
報社	參觀設備
廣播電台	參觀電台
圖書館	參觀並參與聽故事時間
郵局	參觀設施

醫學中心	參觀如何量血壓；以幻燈片顯示醫院流程
銀行	參觀運作過程
馬場	介紹如何照顧馬匹
披薩店	示範披薩製作過程
漢堡連鎖店	兒童學做漢堡
警察局	參觀，包括了解如何按指紋
消防局	參觀
郡長的直升機	參觀與示範

　　這些都是不常到訪的實地考察之旅，最好是不需汽車、無須花費且不會造成困擾。職前教師蒐集資訊了解店主的意願，且提出從來沒有人規劃的參訪。對於業主商家而言也有好處，可藉此提升公共關係，且最重要的是，能帶來導遊與旅客。在你自己的鄰近區域，開發免費的實地考察之旅。在我列出的項目中，我只呈現一般名稱，而非真實的店名，因為在不同的區域或國家可能未必提供相同的服務。

　　利用工作單 3.5「地區實地考察之旅工商名錄」，開始列出附近免費的實地考察之旅，可以從你的朋友或鄰居開始著手。你的鄰居是驗光師嗎？問問是否可以帶班上同學參觀他的辦公室；你有另一位朋友在地區醫院工作嗎？安排一趟參訪；有認識的人在銀行工作嗎？看看幕後的工作情形吧。大方地運用你的影響力，朋友與親戚將非常能夠理解，當地的專家和企業主也是如此。可準備謝卡及禮物，感謝他們願意提供時間與服務充當導覽。有什麼方式比這更能將生涯教育融入課程中呢？與同事分享這些資源，持續建立校外的工商名錄。

■ 教師用品社 ■

最後，我們來看看校外廉價教材的來源，你可能已儲蓄足夠的資金準備購買，藉由以下的建議，你可以少許揮霍且樂意這麼做！

許多教師將錢花在當地的教師用品社，這些用品店對於教師的重要性，就如同糖果舖對於兒童的重要。從完整的告示板公告上，你可以購買任何東西，從教材工具箱到獎狀，從錄音帶、錄影帶到彩色粉筆都有。在此謹慎地使用你的經費，且確定你所購買的項目無法藉由少許的創意而免費得到。

■ 廉價品與折扣 ■

其他廉價教材的來源在於鄰近的各種折扣商店。這些是利潤很低的商店，是撿便宜高手的天堂，多少會打折。在此購買童書可能只需 0.59 美元，一般是 3.50 美元。美術教具可用比一般便宜的價格購得。當你為自己購買許多東西時，也要記得購買學校教具，不變的是要尋找最便宜的項目。

教師筆記欄 *A Note from the Teacher*

到舊貨店去，可以買大襯衫當成作畫時的工作服，人造珠寶、引人注目的服裝在閱讀課使用。買兒童可分解的電子小配件和木偶，我只花了不到 0.17 美元。以清洗過的二手填充玩具，在教室中布置一間獸醫辦公室。買花瓶與便宜的塑膠花，在教室中布置一間花店。

——K. Ciabattini

可以買塑膠框眼鏡（愈滑稽愈好），把鏡片拿掉。將一籃眼鏡傳遞下去，讓他們戴上這「讀書專用眼鏡」。

——J. Christian

　　車庫大拍賣、跳蚤市場、義賣會及研討會的展示館是最後的廉價教材來源。買你所需的，買你預期需要的，但切記盡可能是免費的、較合你意的且較令人滿足的。依大小、顏色及標示清楚的盒子來分類教材，如此一來在學校與家庭就可減少雜亂無章。

最後的免費建言

　　在學校開學第一天或前幾週，不必在意是否擁有一切，你將會慢慢蒐集到教材，且很快地你將與其他的狐尾大林鼠競爭。別忘了在古希臘時代，蘇格拉底（Socrates）沒有儲備萬全的教室也做得很好──事實上，當時甚至連教室也沒有！

Reflection Box
反思欄

本章有任何改變我的想法嗎？

我仍有的問題是……

Reflection Box
反思欄

在我任教的第一年，我實際採用哪些策略？

延伸閱讀

Bryant, M. H. (1996). *Integrating technology into the curriculum.* Westminster, CA: Teacher Created Materials.

Clingerman, D. (2002). *101 ways to integrate technology into the classroom.* Retrieved July 10, 2002, from http://www.claremore.k12.ok.us/clingermanhand.htm

Harrell, D. D., Hillis, B., Jasmine, J., & Rice, D. (1999). *Jumbo book of teacher tips and timesavers.* Westminster, CA: Teacher Created Materials.

Holliman, L. (1997). *Teachin' cheap.* Cypress, CA: Creative Teaching Press.

Kelly, D., & Gustofson, L. (2001). *1001 best websites for kids.* Westminster, CA: Teacher Created Materials.

Ray, B. (2001). *PowerPoint: Simple projects.* Westminster, CA: Teacher Created Materials.

Salzman, M., & Pondiscio, R. (1996). *The ultimate on-line homework helper.* New York: Avon Books.

參考文獻

Burgess, B., Robertson, P., & Fry, E. (2000a). *Collaborative projects using the Internet.* Westminster, CA: Teacher Created Materials.

Burgess, B., Swiryn, L., Burgess, B., & Robertson, P. (2000). *Internet quests: Web activities across the curriculum.* Westminster, CA: Teacher Created Materials.

Butz, S. D., & Butz, S. (2000). *Computer projects for middle school.* Westminster, CA: Teacher Created Materials.

Garfield, G., & McDonough, S. (1996). *Creating a technologically literate classroom.* Westminster, CA: Teacher Created Materials.

Hayes, D. (1995). *Managing technology in the classroom.* Huntington Beach, CA: Teacher Created Materials.

Hopkins, T., & Hopkins, T. (2000). *1001 best websites for teachers* (2nd ed.). Westminster, CA: Teacher Created Materials.

Lifter, M. (1997). *Integrating technology into the curriculum.* Westminster, CA: Teacher Created Materials.

Poole, B. J. (1997). *Education for the information age: Teaching in a computerized classroom* (2nd ed.). New York: McGraw-Hill.

Sharp, V. F., Levine, M. G., & Sharp, M. (2002). *The best Web sites for teachers* (5th ed.). Eugene, OR: International Society for Technology in Education.

Sharp, V. F. (2002). *Computer education for teachers: Integrating technology into classroom teaching* (4th ed.). New York: McGraw-Hill.

Williams, C. (2000). *Internet access in U.S. public schools and classrooms: 1994–99* (NCES 2000-086). U.S. Department of Education. Washington, DC: National Center for Educational Statistics.

電腦期刊

《電子學習》　　　　　　　　Scholastic, Inc.
（*Electronic Learning*）　　　P.O. Box 5397
　　　　　　　　　　　　　　Boulder, CO 80322-3797

《科技與學習》　　　　　　　330 Progress Road
（*Technology and Learning*）　Dayton, OH 45449

《科技學習與領導》　　　　　International Society for Technology
（*Learning and Leading with*　　　in Education
　Technology）　　　　　　　1787 Agate Street
　　　　　　　　　　　　　　Eugene, OR 97403

教師刊物

《教育家》（*Instructor*）　　Scholastic, Inc.
　　　　　　　　　　　　　　P.O. Box 53895
　　　　　　　　　　　　　　Boulder, CO 80323-3895

《電子信箱》（*Mailbox*）　　P.O. Box 29485
　　　　　　　　　　　　　　Greensboro, NC 27499-0736

《學前教學》（*Teaching PreK-8*）　P.O. Box 54805
　　　　　　　　　　　　　　Boulder, CO 80323-4805

《中學期刊》　　　　　　　　National Middle School Association
（*Middle School Journal*）　　4151 Executive Pkwy
　　　　　　　　　　　　　　Westerville, OH, 43081

此外，以下網址也提供教師實務資源及手冊：

www.teachercreated.com

www.themailbox.com

www.creativeteachingpress.com

chapter 4

班級組織與經營

Reflection Box
反思欄

我認為……

如何設計我的班級環境（設備、陳設、布告欄等）

如何建立班級氣氛……

如何建立常規與程序（離開、進教進、使用教材、上廁所、資源
回收、飲水等）

如何分配幹部……

現在你已蒐集到如前一章所述之教材與教具，且有一間教室或房間
堆置你雜亂的戰利品，此時該呼叫室內設計師——也就是你與你的學
生！布置你的教室，安置用具，裝飾空間是每個學年之初的主要挑戰。
在你第一次參觀校園走進教室看到的是充分裝飾的空間，如今牆壁空白
且桌椅一片凌亂。想像這是你搬進新家的日子，而且要以相同的基本動
機來投入工作，創造一個有組織、有效率、有吸引力的教室。

外在環境是組織的一個面向，然而，更重要的層面是設計一個全部
的環境都支持你教學計畫的經營系統。因此，在本章你可反思且實際地
計畫程序與常規，以確定你愉快與巧妙地安排的教室環境能夠發揮流
暢、有效的功能。

教室環境

當我回想自己的在校經驗，我記得用螺絲釘固定的木製書桌面向前面整齊的排列著，每天午後以共用的墨水罐溢注至桌上的墨水池（ink wells）。一聲令下，兒童將木製箭桿墨水筆浸入墨水中，並以小塊布擦拭，寫幾個字，用吸墨紙吸乾，然後再重複此步驟。國內許多地方已見不到這樣的儀式和程序了。在教室的黑板上有字母表、乾淨平整的國旗、一張世界地圖及一兩面布告欄。整體看來，這是一個死氣沉沉且不活潑的學習環境。

現在的教室裡仍掛有國旗，但可以反映出教師的人格與教學風格，且顧及兒童的（智力、情緒及社會）需求。學生的優先需求必須考慮，教師的最優先責任在於創造一個反思且支持其教育目標與教學風格的環境。

教師筆記欄 *A Note from the Teacher*

在開學前三週，我換了六次課桌椅的排列，我非常滿意第六次的安排，因而當上課鐘響學生進來教室時，我請學生們都站著，讓我為我最新的安排做最後的調整。此時，校長剛好來教室做首次無預警的巡堂。

——C. McDowell

安排教室設備

你會發現在某些學校以行列方式安排桌椅或一律面向前面，但這並非強制規定。座位的安排可隨著教室的不同而互異，首先可觀察校內不同教室的安排，找尋改變的可能性。或詢問座位安排有利於他們教學的

同事，盡可能蒐集不同的意見。了解班級名單上有多少位學生，看看哪一種形式最適合學生人數。但最終，座位的安排應由你想在班級中如何進行教學來決定。座位的安排要能讓來訪者知道你的教學計畫——是的，即使教室完全沒有學生。

　　一排接著一排的座位傳達並非主要進行團體工作的訊息，而是學生各自獨立且看起來象徵性地注意教室前方的教師。桌椅群集（cluster）在一起（圖 4.1A）提供兒童較社交性的環境，促進合作學習及提升計畫所需的空間，例如：美術或科學實驗課。群集方式也很適合數學與閱讀的分組，且有必要時兒童能自行變換其座位。

　　此群集式安排也可稍微修正（圖 4.1B）形成一種小馬蹄型形式。此種安排可給予兒童較多空間且阻斷他們間的交談。大部分學生會面向教室前面，且當教師站在開放區域可以立刻接近所有學生。

　　馬蹄型形式可以用在較大的規模，像設計成整體的座位形式（圖 4.1C），中間的大空間開放給班級會議或戲劇表演時使用，大部分學生

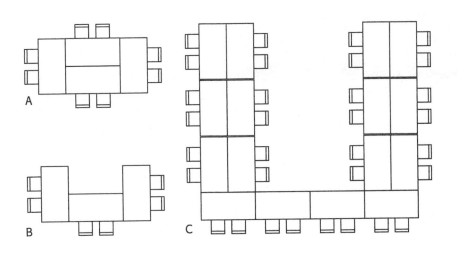

圖 4.1　**桌椅配置圖**

座位與黑板垂直,但分組工作時必須重新分配座位。

這三類基本的形式:個別、群集及小馬蹄型,可以各種方式安排,或在相同的教室中結合這三類形式。

Emmer、Evertson 與 Worsham(2002)為那些因為學年課表或學校需要而常更換教室的「漂流」教師,提出極佳的建議,包括與分享你的教室的老師們協商,多使用投影機代替使用黑板,在布告欄和架子上建立自己的小空間,及使用滾輪手推車或手拉式行李箱。

■■■ 電腦工作站 ■■■

你的媒體電腦中心要設置何處?確定你規畫的這個區域有利於工作時方便使用,而且在進行合作學習團體及個別方案時也容易教學。其他的考量包括確定電纜線已纏繞好且不會被絆倒,電腦鄰近插座有電話線及其他所需的週邊設備,附近有布告欄空間可發表作業及展示作品。並確定有空間可公布電腦輪流使用計畫,且能整齊存放所有你將使用的軟體。

工作單 4.1

在你做進一步安排前,先使用工作單4.1「草擬理想的教室環境概圖」,或用圖畫出理想的教室安排規模。每間教室的大小不同,但在加州,一般教室約30英尺見方,如果你不知道教室規模,可先猜測或使用上述的大小來練習。切記需顧及你的教學風格與教學理念系統,是強調同儕互動嗎?是以藝術活動為主嗎?是鼓勵獨立完成或合作學習?想要所有學生彼此面對面或面向前面?擺置電腦的空間是否無塵、光線充

足、安靜而不刺眼？教室空間是否足夠舉行班級會議，或能否快速移動設備圍成圓形？美術課時洗手槽的使用是否方便？這些都是在你的設計理念開始執行之前，你必須自我提問的一些範例。

現在檢視你的計畫且考慮以下這些補充的問題：

<table>
<tr><td></td><td>是</td><td>否</td></tr>
<tr><td>● **視線方面**：所有的學生不需做瑜伽的彎曲動作，就能看到黑板嗎？</td><td>☐</td><td>☐</td></tr>
<tr><td>● **監督方面**：教師能在主要的位置（例如：黑板、桌子、閱讀區）注視到教室全部環境嗎？</td><td>☐</td><td>☐</td></tr>
<tr><td>● **動線控制方面**：有寬闊的通道使兒童與你能容易、快速地從某處移至另一處嗎？尤其是緊急時。</td><td>☐</td><td>☐</td></tr>
<tr><td>● **障礙方面**：教室能避免障礙，例如：被書櫃絆倒，垃圾桶鄰近大門而被絆倒，學生書桌鄰近出口，學生書桌阻礙貯藏室。</td><td>☐</td><td>☐</td></tr>
<tr><td>● **凌亂／清潔與喧鬧／安靜方面**：所有可能凌亂的區域（例如：勞作區）是否鄰近洗手槽？需要安靜的區域是否聚集在一起且遠離可能較喧鬧的區域？</td><td>☐</td><td>☐</td></tr>
<tr><td>● **彈性方面**：如果你突然心情好，想畫風景或想玩遊戲但大禮堂已被借用，桌子容易移動嗎？桌子的排列型態容易變更嗎？或需請搬家公司代勞？</td><td>☐</td><td>☐</td></tr>
<tr><td>● **適當性方面**：最後，你的安排有益於實踐教學信念嗎？是否為全體與小團體及個別活動預留空間？</td><td>☐</td><td>☐</td></tr>
</table>

現在如有必要，在工作單 4.1 上修正你的概念圖。

因為設備與座位安排可能間接來自於教學計畫，因此試著建立較彈性的座位安排。當教學計畫需以不同的型態呈現，就移動設備以配合，讓教學計畫決定座位安排而不要反其道而行。如果設備持續固定過久，也會引起地板的抗議。

■■■ 教室陳設 ■■■

　　桌椅雖然有其功能，但並不十分舒適。你可使用其他的沙包椅、地毯、小沙發及或許一兩盞想丟棄的檯燈讓教室更顯活潑。檯燈能使眼睛暫時遠離日光燈且使兒童平靜下來，上述這些項目可特別用於看書的角落。畢竟，當你坐在直背椅上，兩腳垂落在地板上，能持續閱讀多久？這些項目可輕易地得自舊貨店、車庫舊貨廉售或家長。另外也可增添一些有生命的植物或不難照顧的寵物，例如：小烏龜、天竺鼠，兒童喜歡活生生的東西，還可以分配學生照顧動植物。

　　可安排一些不被打擾的私人空間。冰箱紙板可切成窗戶或門的形狀再加以彩繪，形成一個隱匿處；為年紀較長的兒童準備傘狀摺疊帳篷，或在一張桌子掛上懸垂的衣服。安靜、隔離的空間可用來作為班級圖書室，我認識一位足智多謀的教師，他在舊式浴缸內放置枕頭當作特殊閱讀空間。小型充氣式水池或橡皮小艇也有相同功用，在國中與高中都可使用這些來裝飾個人的閱讀空間。

這些附加的裝飾創造一種獨特、刺激的環境，取代了原有的無趣和枯燥。在方格紙上或使用電腦繪圖程式，繪製另類平面圖，然後穿上最舊的衣服，試用學校各種座位安排方式，試坐每個位置以確定視線。讓你的教室座位安排保持動力，一開始為了方便掌控，你可以行列方式安排座位，往後隨

著學年的發展，可以稍微鬆手且創造一個較開放的環境。

■ 布告欄 ■

　　規畫一個視覺上吸引人且教學健全的教室環境之重要性，無論再怎麼強調也不為過。你與學生每週約有三十小時在教室中，而具美學的愉悅環境能同時激發靈感與教學。外在環境是兒童與觀察者注意教室的第一件事，且你想傳達有趣與教學的訊息也在該處呈現。最近我坐在一間四年級的教室並流覽牆上的事物，以下是我所見到：

日曆

忠誠誓言（註：美國公立學校小學生對國旗頌讀的誓詞）

學科內容標準

地球儀與地圖

字母草寫表

「如何與他人相處」海報

「家庭作業守則」海報：

　　1. 放學時間

　　2. 必須帶回家的作業

　　3. 找到安靜的地方

　　4. 跟隨指示

　　5. 有問題記得發問

班規

每日行程表

一般書寫格式

同音字、反義字、同義字表

協助者表

助動詞表

數學章節大綱的架構圖

「本週之星」

學科事項公布欄

詩詞海報

自由時間表

「獲得協助」表

6. 作業要保管好　　　　　班級照片

7. 準時交作業　　　　　　激勵格言

上課程序　　　　　　　　「民間故事」海報

大型公分尺　　　　　　　搭配社會課程主題的教師自製教

演講海報　　　　　　　　　學掛圖

國旗　　　　　　　　　　書套

螢幕　　　　　　　　　　提供每位學生發表空間的大型布告欄

教師資訊看板：午餐菜單、

　校車時間、上課作息時間、

　學校地圖及各種注意事項

　　當兒童第一天踏入學校，教室環境會告訴他們許多你未來一學年想傳達的訊息。開學第一天在你說出第一句話之前，藉由你對教室牆壁的重視程度，已傳遞你的非口語訊息給學生。謹慎書寫將告訴他們你是嚴謹的且希望他們以身為學生為榮。明亮的色彩將告訴他們你有一份充滿活力且有趣的課程計畫。布告欄著重在學生有興趣的消息，「本週之星」及「榮譽榜」讓他們知道自己的重要性。「協助者表」告訴他們應負的班級責任。在較低年級，日曆與天氣圖可讓兒童知道你提供他們常用的日常安全事項。學科事項公布欄引導他們了解一開始不清楚但日後會漸漸熟悉的科目。字彙牆使他們隨著精熟基本的閱讀書寫能

力而更獨立。

在教室中張貼上述內容，將使一年級學生覺得有信心，能很快學習閱讀這些標記。在物品上張貼標籤也有利於英語學習者。印刷清楚的美國國旗，謹慎書寫的忠誠誓言，讓兒童知道你對國旗的重視程度。總之，布告欄工具傳遞了極為有效的非口語訊息給兒童。在開學前思考你的布告欄或實際設計與構思，將可避免在最後一分鐘隨意張貼任何東西布滿牆上。

有些教師從目錄購買或訂購許多事先做好的包裝教材，包括：布告欄飾邊；有些則使用現有的教材自己動手繪製或構思。對於「沒有創意」的我們而言，有一個好方法是使用投影機將彩色書本影像或卡通圖案投射在布告欄背景上，且以顯眼的麥克筆描繪此影像。可以確定的是，以較少的費用來解決問題遠優於購買大量且僅能維持幾週的教材。以黑色紙為襯底，能創造出布告欄的對比感且使你的作品具有深度。Morlan 與 Espinosa（1989）提供許多省時省力的準備布告欄之方法。此外，也可參考一些臚列於本章末的書籍。望望四周牆壁是孩子一天上課中唯一能稍事休息的片刻，要創造有利於教學與激勵的溫暖、明亮空間。老師們會提醒你不要過度刺激感官，在興奮與安靜、休息之間取得平衡。Kottlers（1998）認為中學的布告欄有九大目的：提供資訊、提醒班規、示範、引發動機、刺激、展示學生作品、教師興趣、增強及娛樂。這些也適用於國小。

教師們提出以下相當標準的布告欄原則：

國小	中學
日曆	作業單
天氣圖	各項標準
學生優秀作品展	日曆
班規	忠誠誓言與國旗

科學、社會課程等最新的主題	學生作品
協助者（或幹部）名單	激勵海報與格言
草稿表	班規
忠誠誓言與國旗	最新的課程主題
字彙牆	學校消息及援助者活動
各項標準	上課作息時間表

　　另一個共同的主題是列出每月壽星。此提醒每個人特殊的日子接近了，且可準備適當的慶祝。在較低年級，類似的布告牌可標示每顆牙齒的掉落時間，列出每個月掉牙的學生姓名與日期，兒童們會樂於記錄其生活中這些重要的里程碑。在許多班級中以「本週之星」每週表彰一位學生，兒童以照片、嗜好、作業或任何可呈現的事物，來布置此布告欄。

　　開學第一天也可布置一面「歡迎回來」的布告牌。有一位教師畫一個大型爆米花鍋且在大標題「注意看誰突然在班上爆出來」下方，畫著學生名字的玉米粒。有些老師則使用一種每位學生都是明星的方法，請學生從家裡帶一張相片，貼在剪好的星星中央。還有的畫了一棵大樹及許多掉落的樹葉，上面有著學生的名字或相片，寫著大標題「依序出現學校」（Fall into School）。最易得到照片的方法是在開學日帶數位相機到班上拍照，可規畫以二位或三位同學為一組且預留空間，以利於布置時裁切某部分的照片。

　　另一種令人欣喜的點子是請每位兒童（及你自己）帶一張嬰兒照片，只以編號張貼在布告欄，在兩週後比賽誰能正確分辨最多同學與老師。其他方法包括第九章提到的在開學日畫出自我肖像或剪影，另外也建議使用布告欄來介紹老師，可包括：相片、嗜好、喜歡的詩歌或其他相關訊息。

　　許多教師會使用字首（字母）的布告欄強調閱讀的重要性，書套可做有效的展示。也有的老師使用「書蟲」（bookworm）的想法，鼓勵兒童每閱讀一本書，就增加身體的一個環節給書蟲。

　　其他建議主題還有與學校、地區、國家及國際有關的時事事件。「嗅出新鮮事」或「新聞摘要」、「新聞追捕」大標題都能引出迷人、簡單的圖畫，或由你利用實物投影機來製作。

　　教學布告欄也具有代表性，可用來介紹一些概念或提供某些課程領域的回顧與前瞻。低年級教師使用彩色、有造型或字母表布告欄，而中年級或高年級可強調首次的社會課程或自然科學的單元。可以用較具吸引力的標題，例如：「解開三年級學習的祕密」，並搭配福爾摩斯及其用過的放大鏡。中年級兒童在合作團體中學習，可以假定能負責設計、蒐集資料及安排特定內容相關主題於布告欄，這是教師少介入且學生多學習的活動最佳範例。

　　有些教師將教室大牆壁區分成均等區域提供每位兒童使用，以解決擔心布告欄不足的問題，此方式可製作成生動的故事，在此長方形區域每位兒童展示其作品、照片、從家中帶來最喜歡的短文、藝術設計或創意作文。可隨著行事曆或兒童何時決定展示其他層面的家庭或學校生活，而改變展示內容。無論你的字首（字母）的布告欄展示什麼，需確定有簡潔文字、仔細安排、具吸引力、有明亮的色彩背景，及從教室所有角落都能看得到。最後，考慮使用教室上方的空間來展示學生的作品，以鐵絲橫跨教室兩端，使你能掛著學生的作品。使用工作單 4.2 的「布告欄理念」來發展更多布告欄概念。

工作單 4.2

▓▓ 情緒氣氛 ▓▓

　　現在你已布置好教室的外在空間，該是檢視情緒空間設備及試圖建立像外在環境一樣的溫暖心理環境。你為班上建立的此種風氣常稱為

「氣氛」（climate）。無論你住在何處，嘗試建立像二月的南加州而不是芝加哥的氣候，如果教室內充滿冷漠、冷酷無情及嚴厲氣氛，即使是最具吸引力的完美設計教室也將失去吸引力。

多數教師都希望建立溫暖的氣氛。傳遞正向態度給學生且因而提升其自我概念，可能減緩許多行為問題的發生，畢竟，兒童渴望獲得注意。如果他們的正向行為獲得你的肯定，就不太可能出現負面行為。

一些簡單的教師行為與正向氣氛有關，分別為：

適當的微笑。

在教室中走動，接近所有學生。

保有開放而非封閉的身體姿勢（如雙手交叉於胸前或坐在講桌後面）。

專心傾聽學生的談話。

適時陳述自己的故事與經驗。

公開地讚美學生。

圍成圓圈舉行班會，給予全班學生歸屬感與凝聚力。

使用合作學習策略來創造歸屬感。

讓學生做選擇，簡單而言，像是選擇要唱的歌曲，或體育課選擇要玩的遊戲。

指出每位學生名字。

每天課程中融入自我概念活動。

鼓勵主動參與。

給予立即回饋。

例行工作

　　人是習慣性的動物，會終日堅持既定的例行工作與程序。早上起床關掉鬧鐘後，每個人都會開始進行獨特且多重的程序，以迎接一天的開始，直到晚上就寢。我們會一直以相同的順序，且不會遺漏地完成每天的儀式，一旦鬧鐘沒有叫醒我們，緊接而來的恐慌是因為我們沒有時間完成早上的儀式。如果我們慢了半小時，就必須犧牲一些必經的每日儀式：也許是不能像例行一樣照料貓兒，或我們不能喝杯現煮咖啡；來不及閱讀頭條新聞，或無法完成有氧運動。總之，因為不好的開始破壞了這一天。

　　從正向的感覺來看，這些例行工作可自我因襲，扮演核心的功能。因為我們已習慣化且可自動完成，我們可專心於較具創意與批判思考活動。當我們在早上用一部分大腦機械地完成例行工作，其餘的部分則可自由地計畫這天的活動，思考問題且預測任何面臨的挑戰。

　　在教室中，例行工作也提供相同功能。它能使教師與班級運作順暢且提供所有人安全感。在教室中愈穩定，也就愈少出現混亂與中斷的情況。如果以固定方式習得特定活動或歷程，節省的時間與精神可用於較有趣的教學活動。例行工作會產生秩序，一旦掌握了教室的基本運作，你和學生的壓力就會比較小。

　　在複雜的國小或中學班級中，維持有秩序、不紊亂是極大挑戰。就在你認為有一種系統或程序可用來適應班級生活的每個層面時，突然出現的情境使得你必須發展新的程序或例行工作。雖然我們已適應向國旗敬禮宣誓且唱愛國歌曲來展開一天的活動，班級仍有許多其他層面可能習以為常。我已將這些分成幾個主要類別，毫無疑問你也會依據你獨特的情境，而需要其他例行工作，但如果不考慮下述幾點，可能產生困

惑。事實上，當兒童表現出困惑或不確定該做什麼或如何進行，是你必須仔細思考再產生另一種例行工作或程序的最佳徵兆。

教材與設備

教師筆記欄　*A Note from the Teacher*

> 以色彩來編碼每件事！例如：第二節課的講義都用藍色紙，它們的懸掛檔案夾也是藍色，學生放作業的抽屜也貼上藍色圓點，此有助於節省分類的時間與壓力！我能立即在藍色這堆中分辨出一張粉紅色的紙（第四節課），且毋須看名字就能將它放到該放的地方。就組織能力而言，中學生與幼稚園學生的程度其實相去不遠。
>
> ——S. Howell

首先要建立學生的物權觀念，什麼東西是屬於老師的、學生的及共同的。除非得到你的許可，否則教師的桌子及檔案櫃或特殊的代用架，兒童應禁止使用；相對地，兒童的小壁櫥、桌子及上衣掛鉤你也不得使用。應告訴學生可一起共用的紙張是哪些，且你必須清楚知道這些用品如何分配給學生，讓學生知道，他一旦獲得許可且有需要時可使用這些紙張。舉例來說，當學生需要紙張時，隨時想拿都可以嗎？那麼是班長分配用紙還是由老師分配給學生或班長？多準備一些課本或教材給那些一直要從個人專用櫃中拿東西的學生，不然的話，可能需要與其他同學共用教材。

活頁簿與盒子

可多多利用三孔活頁簿。如果你是國高中教師，每節課可使用一本彩色編碼活頁簿。將你的教材資源撕下來，打洞後用帶子穿在一起，方

便你影印。如果你是國小教師，每個學科使用一種不同顏色的活頁簿，在活頁簿上面使用塑膠封套，使用有開口的檔案夾來為其他教材分類，且以不同的標籤區分主題。在活頁簿的突起處，貼上清楚的標籤且排列在架子上，或是以塑膠盒、塑膠箱來存放你的活頁簿。

如果你正進行單元教學，那麼使用保管盒或箱，來保管每個單元。有些國中小教師有個人保管盒，用來整齊排列每個月的布告牌、活動、教材及教學計畫，每個月只需取下盒子，便可持續年年使用。清楚地標示與排列，可使教材比放置於檔案櫃中還容易取得。如果你有小櫥櫃、彩色編碼架，須確認在透明塑膠桶中的放置物品。

雖然這些似乎都是基本的考量，但如果你不預先規畫教材分配的過程，就會產生混亂。相反地，蒐集完成的作品也是例行工作，是由班長或由你來蒐集？你有一個集中的蒐集盒可供學生個別使用嗎？學生如何使用鉛筆、蠟筆、剪刀與漿糊？這些是存放桌上或有集中保管的位置？當學生有需要時就允許他們隨時取用，還是由你或班長分配？

使用工作單 4.3「教材位置與分配」，將有助於你決定如何放置與分配教材。此工作單下方有空間供你寫出可能需與班上學生溝通的一些程序。

■ 入口與出口 ■

進教室　學生進教室的方式意謂著他們將如何展開今天的學校生活。在教室門口與學生碰面有助於樹立你的態度且個別迎接每位學生。這是誇獎每位學生的最佳時機，可以從簡單地說聲「早安」（以學生自然的語調）或「我喜歡你的新髮型」、「你的襯衫真鮮豔」開始。雖然校規可能愈來愈寬鬆，只是如果是開學日時，你可能得考慮讓學生排隊進教室。排隊可避免推擠與快速衝進教室；排隊也有助於順其自然地由室外

到室內上課。無論是休息、體育課或從其他地方進入教室,都必須遵守這些相同的步驟。

應建立學生進入教室後該做什麼的步驟(例如:就座、安靜地整理桌面及準備上課)。當你離開教室時,關掉所有電燈,且建立一旦開燈就是下一個活動即將開始的象徵。或者更好的是,最好在早上或午休後學生一進入教室立即開始進行桌面上或黑板上的活動。有些老師早上的第一件事是讓學生寫日記,且午餐後的第一件事是讓學生閱讀書籍,這些作法是給學生幾分鐘凝聚思考力,尤其是在早上與午餐後,書寫工作能訓練你的注意力。在國中及高中也可應用這些相同概念,你可建立進出教室的班規,且在每節課前幾分鐘做一些例行工作。

教師筆記欄　A Note from the Teacher

在我初任教職的第一個月,我服務的學校是一所培育田徑人才的搖籃。有一天上體育課必須到室外練習跑步,我決定帶著教室的掛鐘,好讓孩子們可以看得到花了多少時間。當我們回到教室,我發現其他教室異常安靜。顯然時鐘壞了,且直到另一位老師發現我的學生還在,我才驚覺全班已錯過搭校車回家的時間。　　——H. Thompson

離開教室　教師的下課方式可採最安靜的一排先離開,或是全體一起下課。我強烈建議以前者的方式,因為後者會引起喧鬧、推擠甚至受傷。以排隊方式分組下課也是另一種方式,以排為單位,學生們排隊上體育課、休息、用餐、去圖書館、集合或放學回家。或者,你可以依照某些特徵來給予下課指令,例如:兒童的衣服花色、顏色或網球鞋或毛衣等。此不僅是讓兒童排隊下課的好方法,也提供無威脅性的方式教導英語學習者一些基本概念。

再次強調，在教室中的轉銜時間是一段不安定的時間，對於此情境的規畫愈有組織，愈能達到安全與減少喧嘩，尤其是當需要模擬緊急情況，如防火、防震訓練要離開教室時。如果你已建立離開教室的程序，你更能確定在緊急時每位學生能聽你的指揮，安全且快速地離開。必須確定兒童了解此信號，且常練習緊急情況的離開教室程序，即使你的學校沒有要求，也最好事先影印一份全班學生名單，以便在緊急時能立即清點人數。當與全班學生一起走在校園時，你必須走在隊伍中間而不是前面，如果你走在前面，隊伍後面的兒童會成群的落後；如果你走在隊伍後面，前面的兒童可能會脫離隊伍。此外，沿途需告訴學生清楚的休息處。

廁所及飲水機　一般來說，早上及中午的休息時間，是兒童最常上廁所的時候。然而，實際上的情況並不一定如此，因此必須建立使用廁所的秩序。大部分教師使用通行系統，即一位男生、一位女生，每次最多只允許兩位學生離開教室。有些老師使用衣服別針作為通行依據，有些老師則使用米奇（或米妮）娃娃；還有些老師則使用木製積木作為通行證。無論你使用何種通行方式，皆需確定離開教室的學生數，每次只允許兩名同學且確定兒童了解以下程序：

- 在上課時間或未獲允許，他們不能任意離開教室。
- 他們必須等待，直到獲得許可。
- 必須保持廁所的整潔以供他人使用。
- 離開及返回座位時，勿打擾他人。

最好提醒幼兒的家長確定孩子知道如何解開鈕扣，或鼓勵家長為孩子購買鬆緊帶的褲子。在幼稚園教室需注意幼兒急切想上廁所的徵兆，一旦幼兒不停的舉手，可能為時已晚，故應事先準備一些備用衣服以因應此緊急情況。

飲水機的情況則稍有不同。有些飲水器置於室內,有些在室外,上廁所時間較喝水時間需要策略性規畫。若教室內有飲水機,你可以允許兒童有需要時就喝水,因為飲水與上廁所需求有直接關係;即使室內有飲水機,如果你允許想喝水時可隨時喝水,可能會產生行為管理問題。折衷的方式為在進入教室時,有需要喝水的學生需先排隊。一旦天氣很熱,教室悶熱,你可能得暫時調整這些班規或允許學生放個水壺在桌上。

在教室內走動

兒童就像魔術盒中的玩具小丑一樣,會突然從座位上跳起來,如此過人的精力才能得到抒解。因此,教師需給予兒童在教室內走動的自由,尤其是精力旺盛的兒童,需要有機會伸展及稍微走動。有許多出色的錄影帶,如:迪士尼的米老鼠妙妙屋(*Mousercize*),都有教導日常的控制運動。當你提供運動機會時,少數孩子可能會趁此機會做自己的事而造成上課進度中斷。到了較高年級,在建立回到座位的手勢後,上課期間 5 分鐘的短暫休息可以增進孩子間的社交。

使用削鉛筆機與廢紙簍　你不可能完全忽略課堂中需要把髒衛生紙丟掉、削鉛筆,或拿教材、圖書、遊戲器材的需求。因此,你必須建立在教室內走動的另一種程序。最極端的情形是有些教師嚴格限制這些活動,只允許在特定的時間進行,通常是一大早及午餐後。然而事實上誰都知道,鉛筆不會按照課表時間斷裂。故可以考慮允許學生在任何時間或下課時削鉛筆,但規定每次只能有一位使用削鉛筆機,或在每張桌子上的咖啡罐內放置備用鉛筆。每天開始上課前,排長負責削鉛筆,兒童隨時可以更換斷掉的鉛筆,因此可以不必使用削鉛筆機。至於廢紙簍,可請班長在轉銜時間拿著廢紙簍讓兒童丟廢紙,或在每組桌下放置冰淇

淋桶容器，兒童有需要時就可使用，一點也不需要離開座位！

分組　如果是典型的班級，那麼每天至少有一段時間必須進行合作學習或分組教學，你可以使用兩張圖表，一張列出每個團體成員的姓名，另一張則呈現每個團體進行的活動，以減少團體從靜態到動態活動的轉銜時間。在此情形下，最好採取車輪式的安排，一旦建立了教學計畫表，就訂定一套能有效、安靜地分組的程序。有些老師使用馬錶，有些使用鈴聲，而有些只說：「該分組了」就行。你可以公布團體合作的規則，考慮以下事項：

- 彼此協助。
- 分享且輪流。
- 彼此讚美。
- 輕聲細語。
- 評估如何進行團體工作。

　　另一個你必須建立的程序是當你忙於分組教學，班上的其他學生有需要時如何獲得協助。可選擇的方式有：求助當天的班長、小老師、志工家長或先擱置較難的部分直接做會做的部分，直到獲得協助。有一位教師在進行分組教學時，為了減少教學被中斷，於是掛著一面招牌，寫著：「我們稍後見」。雖然這聽起來有些反其道而行，但實際上可建立獨立且較能讓學生自己解決問題、學習依賴同儕教學或培養耐心的美德。當你在小組時間進行熱烈的討論時，沒有什麼比兒童使勁地拉著你的袖子還令人挫折的了。如果你清楚的告知對兒童的期望，鼓勵提出程序性的問題，要求學生複誦指示，在黑板上清楚地寫下所有說明、確認其他協助來源，且當兒童完成工作時，提供他們有意義的事情去做，那麼你就可以實際享受且善用分組教學時間。

■■ 教學的例行工作 ■■

現在你已成為一位稱職的後勤學（logistics）專家。你只需建立一些教學的例行工作，以管理一天的開始與結束、噪音控制、求助、空閒時間及輪流使用電腦。

一日之始 每天以相同的方式揭開序幕，但常包含下述有時會以不同順序出現的儀式：

- 收錢、收家長回條。
- 出席、計算人數。
- 向國旗敬禮。
- 唱國歌。
- 宣布且檢視今天的計畫表，並公布於黑板。
- 慶生、潔牙宣導等。
- 分享最新事件、發表和討論，或圍成圓圈舉行班會。
- 行事曆、天氣。

出席 想出最易了解出席情形的方法。如果是幼稚園兒童，可以姓名卡的背面來記錄自己的出席率，國高中學生也可以如此。或是每節課在筆記板上貼著一張簽到表或座位表，學生必須簽名。用可擦拭的筆填寫座位表，因為座位改變時，你可重新填寫！你或許會選擇每天都點名。另外在門上掛著遲到表，讓遲到的學生簽名。

噪音控制 為了減少噪音污染，有些老師會界定低語、交談與寂靜無聲之不同。這些定義非常有用，因為很難整天保持寂靜無聲。不然你可以自己試試看！使用自製的交通號誌卡紙板可能有助於控制噪音：綠燈象徵交談，黃燈表示低語，紅燈則須寂靜無聲。雖然這聽起來有些愚蠢，

在開學初，兒童必須練習區別低語及交談。預先公布大家能接受的任何活動噪音程度，及實際上教室期待的安靜程度。如果你教導兒童低語，你會擁有安靜的教室——而不會是寂靜無聲的教室。有位老師將洋娃娃放入籃子裡且宣布小嬰兒正睡覺中；另一個方式是警告兒童不要吵醒兔子；也有些老師會警告兒童，金絲雀已因噪音而神經衰弱了。

舉手　舉手或不舉手都是個問題，尤其是在動態性討論、辯論或創意活動時。我的建議是在活動進行時要有舉手規則與暫時中止的規則。兒童的呼喊回答或提問常使初任教師手足無措，維持舉手發言的一貫作風且避免會誘發孩子爭相回答的問題，在老師發問前先說明：「舉手且告訴我們……」。尤其是一開學，要常讚美及鼓勵先舉手後發言的學生。你可能喜歡使用某種系統公平地指名學生，有些老師將學生的名字寫在冰淇淋棒上且放入咖啡罐中，隨機抽取冰淇淋棒，直到抽完（每位學生都會輪到），然後再重新放入罐中。有些老師則使用一副卡片且將每位兒童的名字寫在上面，抽取方式如同上述，但此方法較簡潔且適合中年級學生。

求助　當學生需要你的注意，可能是因為他們已完成了工作但你正忙於其他兒童或團體時，等待時間成為了造成混亂的時間。預防之道包括：在兒童獨自作業前，確定你的指示是清楚的且他們已了解，當他們陷入困境時，提供一些選擇，例如告訴他們：

- 先跳過不會做的部分。
- 使用參考書籍。
- 向朋友輕聲求助。

這些選擇方式可公布於布告欄以利參考。當兒童需要回應而你很忙時，有兩種方式比舉手還好。第一種我稱為「烘焙法」（bakery meth-

圖4.2 求助鉛筆桶

od）。準備兩套數字卡，當兒童需要協助時，從掛鉤上取下一個號碼且在等待時去做別的事，你只需按順序叫號碼，當兒童聽見叫到或看見他們的號碼時，就來到你的桌前。此方法很好用且提供先來後到的公平求助法。

因為一直舉手可能會很累，另一種方法是給每位兒童一個紅色與綠色杯子。當需要求助時，將綠色杯子放入紅色中，一旦問題解決，則相反放置。還有一種變化方式是將「想求助」訊號貼於由牛奶盒和無頭釘、厚紙條製成的鉛筆桶（見圖4.2），牌子舉起代表舉手。

或者給每位兒童紅色與綠色的立方體或積木（樂高積木最佳），且教導兒童如果需要協助則將紅色立方體疊於綠色上面，你可一眼瞥見需要協助者。如果太多學生需要協助，也可以清楚讓你知道，你可能必須重新教這一段或內容對於學生來說太過困難了。

編排作業 Kottlers（1998）建議中學教師必須特別編排作業。建議將所有作業、硬紙夾、每週或每月行事曆裝釘在一起，加強學生的印象，且將每週作業寫在黑板或白板上。有些老師會使用電子郵件或班級網頁公布所有作業。

空閒時間 等待時間不僅會發生在兒童遇到難題時，也會發生在作業完成後。如果兒童太快完成，可能表示作業太容易或不適當，應建立兒童完成作業後該做什麼的程序，也將它公布在布告欄。可行的建議包括：

●閱讀一本書。
●安靜地玩遊戲。

- 做謎題。

- 進行其他未完成的計畫。

- 填寫縱橫字謎或離合詩（acrostic）。

- 打電腦。

- 與班級寵物玩耍，清洗籠子及餵食。

- 協助他人的作業或學習英語。

- 用耳機聽故事。

- 整理桌子。

- 檢查自己的作業。

輪流使用電腦　如果教室內只有一台電腦，你必須設計一個公平使用的程序表。有一位班級導師 Oehring（1993）建議剪下一個個蘋果形狀，上面寫著兒童的姓名，放在插卡袋裡，一旦學生完成工作，則將蘋果翻面。另一個建議是將曬衣夾表從中間分成「等候區」與「完成區」，當兒童依序使用電腦，則將其姓名從等候區移至完成區。或也可以用班級名冊讓兒童核對輪流使用情形。你也需決定每位兒童使用多少時間，可以廚房計時器來計時，將一天分成幾個部分，讓兒童分別安插至這些時段。

一天的結束　在放學前為這一天打上活結是很重要的，這能讓學生在回家前有終止的感覺且能迎接嶄新的明天。利用至少十五分鐘快速地回顧今天的活動，討論今天所學到或是最愉快的事，同時也預先告知明天的活動，並開始清理桌椅、整理教室，及確定發給學生的回家作業。最後，依照學校的規定做打掃工作，將椅子放在桌上是常見的方式。盡量以特有的、個別的、正面的去評論學生們，這會讓學生以愉快的心情結束這一天。Emmer 及其同事（2002）建議，在中學有些相同規則也是通用的。教師可設定計時器，當鈴響時就大略回顧今天教學內容，提醒家庭作業及告訴學生明天要帶的東西。切記要由教師來宣告這一節的結

束時間,而不是「鈴聲」。

在閱讀上述的章節後,你應擁有管理或策略操作的程度,而不只是擁有一張教師證書。教師們自陳他們是由嘗試錯誤、常識或觀察其他教師,尤其是在實習期間來學習這些例行工作。有一位老師自述:「困難使得工作表現更好。」學生們協助新進教師重新計算過去這一年做了多少事情。少數教師建議建立他們提出討論的程序,其他專家教師則提供特定建議給初任教師:

- 在開學日建立的程序,將可使用一整年。
- 要非常確定你想要如何進行。
- 讓學生們練習每個程序,直到正確為止。
- 當學生遵循程序時,要不吝惜稱讚他們。
- 重新教導並明快地處理那些偏離了已建立程序的例行工作(例如:「我聽見一個不錯的答案,但我不會叫沒舉手的同學回答」)。
- 介紹每項例行工作時,給予合理的理由。
- 不要在第一天開學日就介紹所有的常規,只介紹與當天有關的即可。例如:不必立即討論離開教室的常規;然而,使用廁所的常規在開學日即需優先介紹。
- 如果有需要,要適時準備增加新的常規,且改變或刪除無法運作或不再需要的常規。

工作單 4.4

使用工作單 4.4「班級常規計畫表」來計畫你最初設定的常規,如果有需要,可在空白處增加其他常規。

■■■ 班級幹部 ■■

好的管理者知道如何授權,想要授權的老師可使用班級幹部來管理

許多例行工作。除了減輕你自己身為管理者的角色外，也能使兒童藉由你所建立的幹部學習負責，獲得獨立，提升自我概念及練習領導技巧。

幹部類型　有些國小教師未設置幹部，且有些臨時隨機徵召工作者，尤其是讓那些已完成工作的兒童來協助，大部分教師會設置以下幹部：

使者／辦公室信差	門房幹部
體育股長、借還器材	營養午餐幹部
衛生股長	向國旗敬禮司儀
發考卷者	日曆更新者
擦黑板者	班級圖書館助手
餵寵物者	排長／桌長／班長
植物澆水者	電腦值日生（開關與清潔電腦）

　　經由授權得以處理許多常規。雖然你可能不需要上述所有幹部，每次也可讓半數的學生參與班級管理。當決定使用幹部，可參考上表，需確定非以英語為母語者及第二外語學習者有充分參與幹部的責任，此可助於他們獲得歸屬感及 Peregoy 與 Boyle（2001）所提醒我們自尊的重要性。將此座右銘奉為圭臬：「少為老師工作，多為兒童的獨立與責任而工作。」中學教師也可在少數工作上使用幹部系統，包括：出席點名者、發考卷者、衛生股長、辦公室聯絡者、收發家庭作業者、電腦值日生。

分配幹部　大多數教師每週或半個月更換工作，通常是在週一更換，兒童應在一學年中擔任每一項工作。其他的分配方法如下：

自願　學生們自願擔任某些工作，但此法可能不利害羞兒童的參與。

抽籤　將每位兒童的名字寫在冰淇淋棒上，放入罐中，或寫在卡片上放入玻璃魚缸中。被抽中的兒童可以選擇他想做的工作，一旦被抽過就不

必再抽一次，直到所有兒童都被輪流抽中。

班級名單 依照班級名單的順序，將兒童名字公布於布告欄。用夾子夾住工作項目，且貼在選擇此工作的兒童名字旁。

增強 有些老師將幹部的工作視為好行為的獎勵。此系統區別不良行為的學生，需要有機會學習負責改變從未有機會修正的行為。

事先計畫表 教師每週選擇學生負責每件工作且確定人人皆有機會。雖然此方式可確定「適才適用」，但並非兒童自己的選擇。

選舉 多數教師以選舉來產生班長或領導者，有些以非常世故方式，模仿我們的民主選舉歷程，包括：提名、競選及無記名投票選舉。

申請 有些教師仿效完整的求職歷程，並教導學生填寫簡單申請表、說明書，甚至製作履歷表。學生委員會可面試每項工作的申請者，為各項工作選出最有經驗且能勝任的人。

　　使用工作單4.5「班級幹部表」，以核對你計畫使用的小幫手類型，並可在工作單底部設計選擇幹部的制度。

最後的鼓勵

　　許多書皆曾提及班級生活的組織層面，你可能想更了解專家教師如何變化常規與幹部，以及如何創造激勵的班級環境。雖然本章一開始所陳述的任務或許讓你大感吃不消，你可能覺得需要先休假兩週才行，然而你在開學時所付出的時間與努力，將使你能自由享受且進行你的主要功能：教學。開學前幾週你所發展出的所有技巧，及事半功倍所省下的時間，甚至可使你在學年中剩餘的時間裡成為兼職的室內設計師或效能專家呢！

Reflection Box
反思欄

本章有任何改變我的想法嗎？

我仍有的問題是……

Reflection Box
反思欄

在我任教的第一年，我實際採用哪些策略？

延伸閱讀

Bestor, S. M. (1999). *How to organize your classroom.* Westminster, CA: Teacher Created Materials.

Charles, C. M., & Senter, G. (2002). *Elementary classroom management* (3rd ed.). Boston: Allyn & Bacon.

Evertson, C. M., Emmer, E. T., & Worsham, M. E. (2002). *Classroom management for elementary teachers* (6th ed.). Boston: Allyn & Bacon.

Harrell, D. D., Hillis, B., Jasmine, J., & Rice, D. (1999). *Jumbo book of teacher tips and timesavers.* Westminster, CA: Teacher Created Materials.

Williams, J. (1996). *How to manage your middle school classroom.* Westminster, CA: Teacher Created Materials.

參考文獻

Dockterman, D. (1993). *Great teaching in the one computer classroom.* Cambridge, MA: Tom Snyder Productions.

Emmer, E. T., Evertson, C. M., & Worsham, M. E. (2002). *Classroom management for secondary teachers* (6th ed.). Boston: Allyn & Bacon.

Kottler, E., Kottler, J., & Kottler, C. (1998). *Secrets for secondary school teachers: How to succeed in your first year.* Thousand Oaks, CA: Corwin Press.

Morlan, J., & Espinosa, L. (1989). *Preparation of inexpensive teaching materials* (3rd ed.). Carthage, IL: Fearon Teacher Aids.

Oehring, S. (1993). The one-computer classroom. *Instructor* (July–August), 84–87.

Peregoy, S. F., & Boyle, O. F. (2001). *Reading, writing and learning in ESL: A resource book for K–8 teachers* (3rd ed.). Boston: Allyn & Bacon.

chapter 5

班級中的正向管教

我認為……

管教的重要性是……

文化同理的管教是……

評估我的管教計畫標準是……

預防性管教是……

如何建立班級常規……

偏差行為的潛在原因是……

要求家長合作……

正向管教方法是……

「管教」（discipline）這個字比有偏差行為的學生更讓老師心生恐懼。初任教師的最優先焦慮在於努力控制班級秩序，即使你在其他的課程已聽過不少此處我們所要探討的，但你思索開學的第一天時，可能還是得再次著重於這個主題上。

即使有經驗的教師們也擔心管教的問題，為什麼？有一種解釋是：與昔日相較，今日的學生有著不同的生活經驗，且成長於極不同的家庭型態。嗑藥、幫派、攻擊鄰居、無家可歸、飢餓、虐待及被忽略，這些社會病因一再反應在學生的行為上。單親及雙薪家庭少有時間與精力照

顧孩子，甚至富裕家庭也常委託他人養育孩子。學校疏於擔負起較多責任以滿足學生所有發展領域的需求，包括：自我控制與自尊。Charles 與 Senter（2002）認為促使管教問題持續存在的其他原因包括：更加縱容孩子；有些家長日漸與孩子站在同一陣線聯合反抗學校；有些老師與行政人員折損於管教的掙扎。

　　過去以來管教問題從未受到如此重視，當我初執教鞭時，只有一條黃金規則：「直到聖誕節才微笑」（Do not smile until Christmas），其餘的留給個人自由發揮。現今管教的書籍、工作坊、研討會及在職教育如雨後春筍般迅速增加。追求體適能風潮及成功穿著的研討會也都湧入管教的信徒，每個都是為了使兒童井然有序而提出萬全策略。教師們群聚於工作坊，等待接受專家的指導。如果商業運動中心及健康溫泉勝地提供管教課程與生命循環及有氧課程，會員將猛然增加且利潤暴增三倍。

　　管教是人類行為的一個面向，照此說來，它源自於個體與環境間的複雜互動。在此之前須先探究管教的其他層面。本章著重在藉由有組織的學習計畫與良好的管理環境來預防管教問題，並將討論處理微小過失的特殊技術，及以正向、合理、尊重和莊重的方式處理嚴重行為問題的策略。

教師筆記欄 *A Note from the Teacher*

　　擔任中學教師兩個月來，你是否曾微笑，或提心弔膽的微笑。

——B. Dahnert

為何管教？

發展你的管教計畫原理是邁向有效系統的第一步。光是採用他人的系統是不夠的，雖然這是最容易的方法，且祕訣有很多，但可能不符你的胃口。沒有一種管教系統完全適合你，也沒有一種系統適用於班上所有學生，這是班級生活的層面之一，必須符合你與學生的需求。花幾分鐘思考一些管教的理由，且與下列做比較：

● 安全（safety）

在教室內外兒童需感到身心安全且免於受到威脅與恐嚇。學校可能是兒童生活中最安全的場所，兒童也需感到情緒安全。在一個相互尊重且顧及隱私的班級環境中，兒童較可能大膽表現出誠實且真實的自我。在滿足生存的生理需求之後，安全需求是人類最基本的顧慮（Maslow, 1987），且只有實施管教，才能得到免於傷害的安全身體與情緒環境。

● 限制（limits）

兒童必須受到限制且學習分辨適當與不適當行為，這是安全議題的另一個層面。為了確定環境對人人都是安全的，每個人必須限制自己的自由，且為了全體的幸福，必須減少個人的權利。在一個民主社會中，我們都生活在由我們選出的代表所制定且理論上會公平與一致執行的法治社會中。

● 接納（acceptance）

依據 Maslow（1987）的說法，接納的需求隨著生存與對安全的需求滿足而產生。兒童需要他人的認可與關愛，當他們以社會接納的態度來表現，會覺得自己很棒且別人會接納他，而在班級中有歸屬感。

- 自尊（self-esteem）

  自尊必須緊隨著接納（Maslow, 1987）。能控制自己行為的兒童將獲得支配感且覺得能勝任及受到班級社群的尊敬，在生活的某領域感到勝任並能協助支持其他低自尊的領域。

- 學習（learning）

  在其他需求滿足後，即浮現自我實現（self-actualizing）需求（Maslow, 1987）。想激勵學生此類需求的教師，必須嘗試創造有助於兒童發展天賦、才能、能力的環境。兒童必須發展其潛能且有權處於一個有紀律的班級環境，以免分心、干擾及行為混亂妨礙了他們的學習。

- 責任（responsibility）

  兒童必須學習每個行為有其邏輯且有時公平的反應。為自己的行為負責是民主社會的基石，任何的後果應該與冒犯踰矩有關且必須尊重兒童的尊嚴（稍後將完整的討論邏輯的後果）。

- 民主訓練（democratic training）

  John Dewey（1980）提倡學校成為小型社群、公民職責和權利的訓練場所。在一個可運作的管教系統中，民主社會的基礎應包括：一人一票；法律原則；自我負責；服從多數、尊重少數原則；行為反對最大利益的後果；個人自由與大眾利益的平衡；及尊重所有不同的觀點。

你的哲學

透過管教系統，兒童因此可滿足一些基本需求，包括：身體與情緒安全需求、接納與歸屬需求及自尊與自我實現需求。管教也教導學生民主的過程與現有的個人權利、服從多數、尊重少數之間的張力。你最根

本的系統將極仰賴對於兒童與管教的自我信念系統。本章以哲學的觀點來撰寫，當你進一步閱讀將愈會發現這一點。我藉由去蕪存菁篩選所有相競的哲學、研究結果及許多老師的經驗，以形成我的哲學觀，你也可以如此。

我們所有的行動源自於我們的信念系統。如果我們認為兒童是必須控制的小頑皮鬼，我們將不惜任何代價控制他們；如果我們認為兒童必須不受拘束的表現自我，只要給予顏料或鉛筆，他們就能表現自我，我們只需坐在一旁且會為他們的創造力而感到驚訝。花些時間填寫工作單 5.1「管教澄清活動」，從 1 到 8 依序排列這些管教的相對位置，1 代表與你最相似的情形。此有助於概念化你自己關於管教的起點。如此一來，你就能與他人產生共鳴。

這些相對位置反應出從放任到絕對權威的連續管教策略。其間產生了諮商取向、民主取向、邏輯後果取向及行為改變取向。對你而言可能很難排列這些陳述句，就像大多數人一樣，他們的信念實際上是遊走於放任與絕對權威間的細縫，盡你所能取得平衡吧！

這種強調折衷主義與價值本位管教及其他正式教師的實際建議，使得管教的議題不同於你所讀過的。在其他書籍有詳細的說明各種管教模式或系統，本章只是簡要提及，在本章末列出參考書目以供你獲得更多訊息。在此想藉由已使用了可行之管教方法的老師們協助你澄清人文的、正向的、合理的及尊重的管教系統。教師們融合了許多取向的成分，接下來任由你選取，然而，切記要一再反覆檢視那些與你對於兒童的信念、你的價值系統、你的管教原理及哲學相對立的訊息。如同你所看到的，你可能也要考慮到無論最終你設計的計畫為何，應該要核對是否符合以下的標準，可參考工作單 5.2「管教系統標準」。

你的所有管教系統最首要應該是要合理的、尊重的、有尊嚴的（dignified）且認同文化的標準。如果我們接受 Maslow（1987）的觀

點，認為我們都需要受到重視、歸屬、接納、安全感，那麼管教計畫不能破壞兒童的內在需求。剛到這個國家的兒童，因母語不同，甚至需要考慮提供更大的安全需求。任何不公平或不合理的計畫，或以任何方式羞辱或貶低兒童，終將招致相反的後果。請站在學生的立場想一想，你找到了合理、尊重及有尊嚴的管教系統了嗎？Dreikurs、Grunwald 與 Pepper（1998）告訴我們偏差行為是有徵兆的，受挫折的兒童覺得自己沒有歸屬感且不重要。我們選擇的任何系統不應增加兒童已有的挫折感，反之，應鼓勵且滿足兒童的基本需求。

尤其是身為新進教師，你應發展出一套最終與所有學校計畫一致的管教計畫。此情形在國中與高中更顯得重要，可想而知，在一天不同的七節課中，可能要有七套規則。首先了解班級是否符合且遵守學校盛行的規定，這些通常是相當普遍的規定，你可能很容易接受。如果學校採行的管教系統中有任何一項違反你的計畫，絕對必要盡快與校長討論，且考慮是否有任何調整的空間，最佳的時機是受雇前的面談。如果學校期待你執行違背自己對於兒童的信念，且與價值觀相反的計畫，是令人非常不悅的。

你的管教方式也應適合年齡團體且顧及個別差異。雖然幼兒會很高興的面對獎賞，但中學生可能只是理所當然地屈尊俯就，需留意整體管教方式是否太過嚴苛，以至於在處理無法久坐或保持安靜的過動兒時也毫無彈性的空間，或其他嚴格懲罰的管教方式，例如：當你知道某些家長反應過度或可能虐待孩子，就通知他到學校。確定你的計畫顧及兒童對於被管教的文化影響。例如：拉丁文化中較低的眼神接觸代表尊敬對方，因此，若老師要求直接眼神接觸，就忽略了個別差異且缺乏文化上的敏感度。

你的最終管教計畫應具時效性、容易實施且沒有壓力。你不會想實施一項計畫，最後產生的問題比管教本身更多。你希望花比教學更多的

時間實施計畫嗎？你的計畫會讓你變得像個警察或記分的祕書，或是分配獎賞食物的糖果機嗎？你的系統使你產生正向情感或為已經充滿壓力的生活帶來焦慮？你的系統使你看起來像受過訓練的專業教師嗎？

　　你的計畫可以不用十頁的手稿就能輕易與學生及家長溝通嗎？容易翻譯成學生的母語嗎？代課老師能了解嗎？如果校長問起，你能簡單扼要地告訴他嗎？如果它複雜到無法以一段文字告訴家長，對你而言可能也複雜到需要雇用一位助理教師負責管教、一位祕書負責記分及一位會計負責分配獎賞才行了。

預防管教問題

　　本章先前所提到的，是為了以下的內容做說明。如果你能接受學生是對身旁的情境做回應與反應這樣的前提，則愈能控制教學變項，包括教室情境的安排，也愈不必控制班級。我並不是指優良的教學與組織、有效的班級經營就可以解決或預防所有管教問題。我認為只要你能控制這些變項，就是注意問題產生之脈絡的好起點。

物理環境

　　室外溫度超過攝氏 40 度，而我坐在有空調設備的辦公室，如此清潔且有組織的環境有利於我專心思考。相同地，在舒適的班級環境中可以提升兒童參與學習，減少分心與混亂的可能性。注意以下的這些變數：

- 通風良好的教室
- 不刺眼的光線
- 色彩及訊息豐富的布告欄
- 整潔有序且組織明確的教室

- 擁有兒童的私人空間
- 你與學生在教室任何角落都能彼此看得見
- 和睦的鄰座同學
- 教學風格有益於桌椅設備的安排

■■■ 符合個別差異 ■■■

　　有些行為紊亂的潛在原因與教學有關，包括：作業不會寫、很無聊、缺乏挑戰性的作業及期望過高。這些可能和你所認為每位學生是獨立的個體、必須盡可能滿足其學習需求的認知相反。未符合需求將帶來麻煩——亦即，引人注意的行為啃蝕了你的教室管理。

不同的作業　確定每位學生能成功完成分派的作業，可能是重寫一些作業、錄音機錄音作業或為程度較好的學生提供較富有挑戰性的作業。同時也計畫一些豐富的延伸學習活動。

分組　藉由適當的特殊需求、能力、興趣而做的分組，也能滿足個別需求。合作學習團體提升社會技巧、培養正向相互依賴與問題解決能力。其他特別的團體可基於特殊技巧需求、共同興趣（蒐集石頭或恐龍模型）、共同閱讀教材（都喜歡閱讀偵探故事或傳記的兒童）、計畫（班級戲劇或班刊）而加以分組。

選擇與決定　藉由提供任何可能的選擇，也可以滿足學生們的個別差異。例如：有創意的寫作主題、美勞作業、體育遊戲及座位安排。提供選擇能賦予孩子權力，防止他們以不當的方式表現權力。

真實的期待　想知道你的期待過高或過低的方法之一，是站在學生的立場來看。嘗試自己一直安靜不動的坐在某個座位五個半小時，我曾試過，但相當困難。一旦你覺得就算是自己也無法完成作業，就需修正。

利用興趣　發現每位學生的動機及與教學有關的共同興趣，有助於你達成兩項目標。首先，較容易吸引學生注意；其次，將可傳遞關心個別學生的訊息。如果誠實、真誠的對待學生，就容易與學生發展出信賴關係。採用有趣的目錄，使用流行的嗜好來作為教學主題，可激勵學生參與且不會產生困難。拓展你的音樂品味且閱讀一些中學生喜歡的青少年雜誌。

■ 計畫 ■

　　你的計畫應包含長期與短期計畫，如果十分周延且有系統地組織，將有助於減少潛在的紊亂。

通往成功的計畫　如果你的計畫能讓每個學生都成功，你已經擴大了有效管教的機會。在開學前幾天不要低估學生的能力。在你實際評估資料前，錯誤總是站在容易的一方。更糟糕的是他們還覺得是成功的！

值得且有意義的活動　如果兒童覺得作業是值得的且有意義，他們較不會質疑你的權威且以叛逆行為反抗。可以採能夠引起動機的個別化教學及讓學生了解教學的目的或目標，或在教學中使用各種教學媒體與科技且變化教學策略。平衡個別作業、團體合作學習及教師指導教學，創造多變且維持學生的參與及興趣。Glasser（1998）提出優質學校活動的六項標準如下：

- 溫暖、支持的教室環境。
- 有益的作業。
- 要求學生盡最大努力。
- 學生們評價自我的表現且改善之。
- 感覺很棒的優質作業。

●不具破壞性。

有秩序的過程　你清楚的指示加上教學資源的可得性，將使班級活動順利進行。確定就像寫在紙上一樣，你已在心中預演過教學內容的流程，因此，你能預知任何可能阻礙教學的遺漏步驟或程序。確定已備妥教具，如果你必須走回壁櫥拿剪刀，將中斷教學過程的流暢性且破壞教學。

A Note from the Teacher
教師筆記欄

　　當你忽略偏差行為或忽視學生們的極度疲憊，讓學生第一次就「做對」，會比消除他們已養成的壞習慣容易得多。　　——T. Beck

海綿　可以藉由進一步計畫及運用「海綿」（sponge）活動，來打發間隔的時間。你可以減少活動，但站在你的立場很難理解，在教學後怎麼還有其他時間？如果你沒有安排某些活動讓學生們主動參與，他們可能會轉移至你可能不許可的活動。以下列出與課程有關的海綿活動：

說出一種幾何圖形　　　　　　說出身體內的一種器官

說出一種寶石或礦物　　　　　說出有輪子的東西

依照字母表上的字母，　　　　說出樂器名稱

　依序說出國家名稱　　　　　說出在埃及法老王圖坦卡門國王墓

說出會飛的東西　　　　　　　　穴內發現的物品

說出需要用電的物品　　　　　說出在外太空發現的東西

　　在學生們完成作業後，列出學生該做的一般事項也有所助益。必須以某些方式增強這些活動。較早完成作業的即給予獎賞的作法可能很快就喪失其作用，且學生們一旦熟悉你的時間表，將會拖延且甚至避免在

規定時間內完成作業。在分組的桌上放一籃或一盒書，如果有需要可輪流放置，此措施可讓學生不必離開座位且隨時有事可做。

▌▌ 教學 ▌▌

在教學時，你可藉由遵循優質教學以減少可能的紊亂。雖然優質教學不能保證絕對會產生優質管教，但你可考慮極力連結此二者的可能性，以減少可能的問題。Jacob Kounin（1977）在其大作《班級管教與團體管理》（*Discipline and Group Management in Classrooms*）中，提出許多與有效班級經營有關的優質教學原則（以下楷體字為 Kounin 所提出）。

集中注意／團體注意　在任何課程教學前，需確定兒童都看著你，且每位學生都很專心注意。如果學生們都在說話或不注意你就開始上課，那麼情況只會愈來愈糟。乾淨的桌面可減少兒童在教師教學時找到可以玩耍的東西。「團體注意」（group alerting）是班級優質管理的重要因素，保持團體注意包括鼓勵個別與一致性反應，且在提問前不要指名回答；否則，其他學生將受到忽視，此意味著使每位學生保持警覺。隨機抽取姓名籤或一組卡片來請學生回答，是兩種保持警覺的方法。

速度　確定教學過程保持穩定的速度。如果你分心或慢下來，此延誤將造成小紊亂而擦出小火花。小心勿「過度評述」（overdwelling）及「零碎」（fragmentation）。前者意指教師花費太多時間於指導、無關瑣事或教學的物質支持。後者則指教師將教學區分成太多不需要的步驟、程序，或是當以團體或全班一起做較有效率時，突然要求每位學生個別進行。

監控注意　Kounin（1977）以「目擊者」（withitness）這個字來描述隨

時注意學生的老師。他們似乎知道將發生的事情及可能的嫌疑犯，且快速地阻止此行為的萌芽。這類老師在上課期間密切觀察且隨時注意，他們的眼神接觸每位學生，且在教室裡走來走去，佯裝自己是懸停在教室裡的蝙蝠，讓每位學生在你的羽翼下受管制。當學生感覺你直接注意他們，就比較不會有所表現。

刺激注意　表現出你的熱情，或使幼兒覺得經由努力，在各方面都有進步，以避免厭煩無趣。改變教學方式、團體大小、教學媒體及教材；且發問刺激及有時無法預測的問題讓每位兒童參與。無論何時盡可能使用「每位同學回答」技巧，同時讓每位同學參與回答，以當場診斷學生是否了解課程，節省評分作業時間。適用於整個團體的一些方式如下：

- 大聲說出來。
- 使用手勢（例如：拇指向上或向下）。
- 回答閃視卡。
- 從一束冰淇淋棒或一組卡片中，隨機挑選出學生的名字。
- 在個人的小黑板、薄卡紙板或白板上，呈現各自的答案。

雙管齊下　Kounin（1977）提出「雙管齊下」（overlappingness）一詞，認為是有效班級經營的關鍵，簡單地說意指同時處理兩件以上的事情。例如：一面教學一面走到輕敲鉛筆的學生身旁；或一面進行數學小團體的活動一面檢查試卷、留意其他學生。

平穩的轉換　避免懸擺（dangle）、突然改變（flip-flop）、強迫（thrust）與中斷（truncation）。雖然這些聽起來很像是有氧舞蹈使用的專有名詞，以下加以解釋：「懸擺」與「突然改變」發生於教師暫停某活動，進行另一個活動且再次回到最初的活動。「強迫」發生於教師未留意學生的準備狀態而快速地進行活動。「中斷」發生於教師於某活動失敗

後，從此就不再進行該活動。

結束　結束課程進行過久，需知道學生何時達到飽和點，且在此之前試圖結束課程。切記留時間給學生發問問題。

檢核了解程度　在教師指導某組後，在離開之前，可藉由請某位學生摘述課程內容及作業指示以確定學生知道接著該做什麼。不斷地詢問接著該做什麼、是否有任何問題，此方法可預防當你熱烈地參與下一組的教學時，上一組突然有急切的問題。一旦幼兒堅持，只要以非口語的動作，向他們表示可以開始進行，他們常在測試你是否意指如此。

■■■ **組織** ■■■

　　和一般人認知的不同，一間組織健全的教室，並非死氣沉沉的，而是安全的象徵，在此萬全準備的環境中，較不會產生紊亂。

程序與例行工作　有關程序與例行工作的每件事項，在前幾章已做說明。有效的班級經營有助於防止紊亂與耽擱，這些是管教問題的前兆，最重要的轉銜、放學及上學時段，這些時段的運作平順與學生行為有直接關係。你一旦成為效能專家、班級秩序控制者、系統分析師及分派班級幹部的任用者，便可以花費較少的心思在管教上。

信號　當大多數教師想引起學生注意時，都會使用某些信號，在開學第一天就解釋這些信號並開始使用。你可以請學生來回答你的信號，例如：當你舉手時，他們也必須舉手；當你鼓掌時，他們也鼓掌。有些較普遍的信號是：關燈、鋼琴聲、鈴聲、木琴的一個音、交通號誌的紅燈、伸出兩隻手指或舉手、將一隻手指放在嘴唇前、在黑板上寫訊息等。在國高中，可播放學生喜歡聽的音樂，這是讓他們安靜的信號。

教材　引起學生騷動的普遍原因是教材與教具分配太慢或分配不均。許多爭執論通常來自於漿糊、剪刀及其他教具，雖然分享是值得追求的美德，但確定供應充足的教具才是預防之道。可在每個團體桌前放一籃教具，在第四章已說明各種教材的分配程序。

使用工作單 5.3「管教檢核表安排步驟」，有助於了解你安排的步驟是否能預防管教問題。任何「否」欄位中的回答可使你開始思考如何重新建構及形塑教學，以防止學生行為的騷動。

A Note from the Teacher
教師筆記欄

幫自己一個忙，每天早上或每節課檢視班規。不要有任何藉口！

——N. Rader

邁向好的開始

開學第一天就與學生討論管教的原理及建立一整年必須遵守的班規，一點也不嫌早。

在本節中你將有機會反思如何向學生說明一種基於需求且民主的管教制度。你可能須考慮一些步驟，包括：討論管教的重要性、建立班規、建立違反班規的邏輯後果、將班會制度化為問題解決法庭，及通知家長有關班規的內容。

管教的重要性

為了讓四到六年級學生向家長傳遞班規的重要性，在開學第一週我既未制定也未引用任何規則，在該週中，任由學生胡作非為，我緊閉雙

唇不採取行動。在星期五下午我召開班會（不確定學生能否參加），我們討論前幾週發生的問題，包括：噪音、輕率行為、凌亂的教室、各種爭論及常見的糾紛。學生們建議必須有一些班規且將所有建議濃縮成兩項：尊重每個人的權利及整理教室。

雖然我並不建議所有的老師均以此方式，但有經驗且有勇氣的你，可使用此綱要來引導想像，以達到相同目的。以下的問題有助於你開始思考：

1. 為什麼我們都需要有班規？
2. 如果沒有班規會發生什麼事？
3. 好的班規內容是什麼？
4. 你認為班上哪些班規是必要的？

學生們最終將了解代價與利益（costs and benefits）的觀念。雖然規則與法律有助於維護安全與保障，我們也必須放棄一些事情作為回報，亦即捨棄想做任何事情的自由。應協助學生們了解班規是這些法律概念的特定應用，花時間討論班規的需要是值得的。你正在建立民主社會生活的本質，其中某些規則與法律可能會侵犯某些人喜歡隨心所欲的自由。

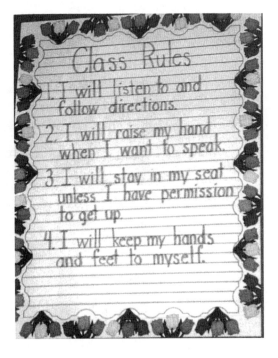

■ 建立班規 ■

有經驗的教師在開學第一天即建立班規，包括：

- 從學生身上引導出班規。
- 與學生一起排序班規且選擇最受重視的五條班規。
- 陳述班規的正面作用。
- 告知兒童為求學校進步他們可以增減班規。
- 讓中學生在團體中建立班規。

好的班規是必需的、公平的、公正且一致的適用、可行的、合理的及尊重的。好的班規能跨越文化的規範且使不同種族的學生也能了解。

以下列出中小學最普遍的班規，如果發現學生無法提出班規，請引導他們依據這些線索思考。

小學班規	中學班規
尊重他人的權利與所有物	遵守所有校規
遵循指示	上課鈴響就要入座
在教室中安靜地活動	攜帶所有課堂要用的教材、書本及家庭
成為一位優質的傾聽者	作業
發言或離開座位前先舉手	發言前先舉手且傾聽他人的發言
親切有禮	負責、尊重，且維護你的榮譽

有經驗的教師會一再地提醒這些班規。事實上，上述左欄的班規包含各種見地，且是我班上兩條班規的其中之一——尊重每個人的權利。有一位老師訂出唯一的班規：「當我負責，我將擁有美好的一天；當我不負責，我將付出代價。」一旦學生有機會學習訂定好的班規，討論班規的必要性、建立共同決定的好班規且監督實施情形，則較可能遵守班規。

班規應該張貼於教室明顯之處，有些老師並未張貼班規，只是將它列入班級守則中。有個創意的方式是寫一段特別的序言，所有學生都簽上日期與姓名，增強其自願承擔所有權的限制。

■ 班會 ■

在民主的班級中，學生們不僅共同制訂班規，也包含監督及執行班規。William Glasser（1975, 1998）認為兒童能自我控制且選擇適當的行為，如果這些行為滿足他們的基本需求：生存、愛、權利、遊戲及自由。教師的角色在於藉由建立學習環境，其中教學策略（例如：合作學習）及非壓制的管理策略滿足這些基本需求，以協助學生正向選擇。Glasser 提出此做決定的手段之一是班會。

全班或個別的問題都適合在班會中提出，且可由任何一位學生或老師提出。在班會期間，每個人圍成一個緊密的圓圈，彼此提出及討論問題。討論的目的在於解決問題，而非懲罰或揭人之短，教師促進討論，雖然對於行為做價值判斷是學生（而不是老師）的角色。簡單地說，兒童們衡量繼續或停止此行為的代價與利益，然後腦力激盪且討論各種糾正此錯誤或解決問題的可行性及後果。在同意某種解決方式後，希望幼兒能夠承諾做到，或讓幼兒在紙上簽名是否同意遵守。這是學習到如何解決問題很適合的方法，而且是充分授權（empowering）而非任何一種特定的解決方式。Jane Nelsen（2000）提出班會的簡述如下。

■ 一致性 ■

專家教師們皆同意，一旦建立班規且公布之後，應該在第一天及接下來的幾週嚴格執行，直到深植學生心中。你可藉由以下方式來貫徹班規：

- 鼓勵學生們努力遵守班規。
- 示範「見證」（withitness）。
- 私下立即提醒忘記班規的學生。

● 藉由行動、口語及非口語行為傳達對於班規行為的承諾。
● 在班會中討論執行班規的議題。

與家長溝通班規

　　大多數教師在開學第一天都會寄一封短箋給家長（如果有必要，則事先翻譯），解釋班規或請兒童再寫一次班規，而由家長簽名。雖然在第一天不可能實行所有的計畫，但勿延遲過久。家長必須了解基本的班規以協助你，即使違反班規，家長如果預先知道班規，也較可能接受孩子違反班規的消息。給小學生家長的典型信件如下，通常也適用於中學生的家長。

　　親愛的家長或監護人：

　　　　這一學年感謝您與我分享您的孩子，我將竭盡所能協助孩子充分發揮潛能，為了提供一個安全、快樂的學習環境，我們必須寫下這些班規（以下列出你的班規）：我知道孩子將努力遵守他們訂定的班規，在學校我將鼓勵他們自我控制，在家中如果需要您的協助，我將與您聯絡。

　　　　如果您有任何問題或期望想告訴我，可在早上 8：00 至 8：30 及休息時間（10：00～10：15 或下午 2：15～2：30）來電（寫下學校電話號碼）。如果這些時間您不方便，請留下訊息，我將盡快回電，在未來的這一學年，我很期待與您及孩子共度。

　　誠摯祝福您

94 區公立學校
四年 B 班導師
Leticia Jones　敬上

我和我的孩子已閱畢此信，我們將盡力支持班規提到的行為。

簽名：_____

孩子的簽名：_____

評論或建議：

　　如果有必要，可電話通知家長任何嚴重違反班規的行為，你可事先預設他們在電話中的反應，並引導他們採用正向策略與你一起處理孩子的問題。信函中避免提到與個人無關的事情，且小心勿引起非理性的過度反應。

　　與家長溝通管教問題時，不要一味只提及孩子粗心犯過的例證，更甚者，要盡量使用努力與成就證書來達成孩子的自我控制（圖 5.1）。這些獎勵可每週請孩子帶回家，家長對於這樣的正向回饋會感到欣慰。掌握孩子的最佳行為，授與一張行為證書，你將從家長與學生身上得到更多效益。

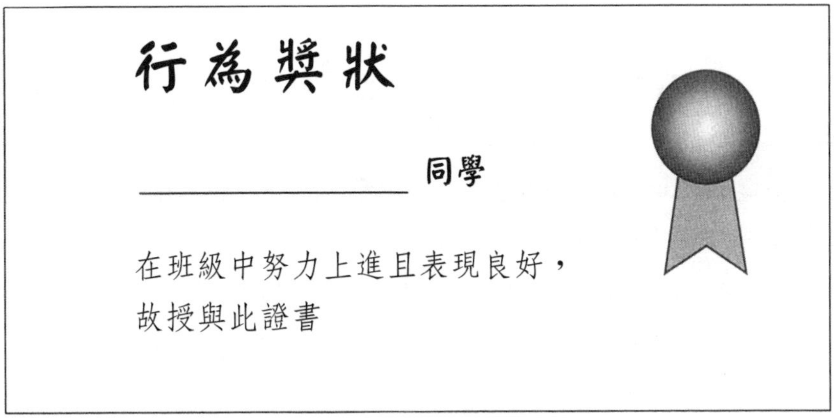

行為獎狀

_____ 同學

在班級中努力上進且表現良好，
故授與此證書

圖 5.1　行為證書

激勵、啟發、不找麻類、收起教鞭，且給予實質獎賞。

——C. Burns

尋找原因

本章主要的目的在於藉由小心的安排外在環境，注意各種教學變項，合作制訂班規，及舉行班會來預防管教問題。

預防管教問題的另一種方式是在發生更為嚴重、尋求注意的症狀之前，找出潛在的原因且處理之。如同我在前面提到，Dreikurs 與其同事（1998）告訴我們所有的行為與追尋的目標有關，所有人追尋的主要目標是「歸屬感與備受重視」（to belong and to feel significant）。表現偏差行為的兒童是受挫折的孩子，當他在尋找這些主要目標時受到了阻礙時，即以四項錯誤的目標取代：尋求注意、尋求權力、尋求報復及假裝無能。

依據 Dreikurs 及其同事的看法，教師必須了解偏差的目標，以重新指導兒童的行為——藉由鼓勵、相互尊重及了解——回歸原有的目標。教師可思考三個方向。首先為「察覺反應」，兒童的微笑代表允許你猜測他為什麼表現如此行為：「可能是……嗎？」其次是你對於偏差行為的內心反應。第三是一旦告訴兒童終止偏差行為，其可能的作為。

尋求注意

尋求注意的兒童常激怒或困擾我們，當告訴兒童停止某種行為，他

（她）會停下來，然後重新開始或以另一種可以得到注意的行為代替。
治療的對策包括：安排特別時間與兒童相處，再次指導他的行為、忽視
行為、加諸相關的、合理尊重的後果（懲罰），並給予選擇（Nelsen,
2000）。常聽一位已退休的幼稚園老師告訴學生們：「做出最佳的選
擇」，而他們也這麼做了。另一種用語是說：「做不同的選擇」或「做
個選擇：是要（期待的行為）＿＿＿＿＿或（邏輯的後果）＿＿＿＿＿。」

■■■ 尋求權力 ■■■

尋求權力的兒童常威脅我們，當告訴他須立刻停止某行為，他可能
會消極對抗或挑戰你。治療的對策包括：離開該情境，先冷靜下來，與
兒童一起解決問題，再指導兒童的權力需求，著重在你將做什麼而非你
將使兒童做什麼，及在計畫表中預留特別時間給該兒童（Nelsen,
2000）。

■■■ 尋求報復 ■■■

尋求報復的兒童使我們感到痛心，當要求其停止某行為，他卻故意
破壞或損害東西。治療的對策包括：先冷靜片刻、與兒童一起解決問
題、給予鼓勵，及在計畫表中預留特別時間給該兒童（Nelsen, 2000）。

■■■ 假裝無能 ■■■

一點也不令人意外，以假裝無能為目標的兒童使我們覺得他不勝
任，且面對事物時常顯得被動。治療的對策包括：增加成功機會、訓練
兒童知道該做什麼、使用鼓勵、不放棄，及安排特別時間給該兒童（Nel-
sen, 2000）。

針對 Dreikurs 與 Glasser 的觀點，你或許想了解更多他人的看法，
Nelsen（2000）提出極為清楚簡明的討論。在本章的參考文獻中已列

出,您可詳細閱讀。

這只是兒童偏差行為的潛在動機之一種架構,你毋需完全接受;一般而言,如果你從學生的觀點來看待,就可以做得很好。多問自己:「為什麼學生會這樣做?」可得到一些正向猜測。不要只是給予懲罰,懲罰只能收到短暫效果且會造成兒童長期怨恨,應停止此方式並思考可能的原因或動機。你的假設有時可能不正確,但或許可測試甚至證明你的某些理論,不再用消極態度而以積極方式解決,比起以立即懲罰之雙重否定方式來評量,將有更多收穫。

兩項改變行為的觀點

有一位著名的精神科醫師兼管教專家在某場演講中批評:如果巴夫洛夫(Pavlov)以貓而不是狗做實驗,他的行為增強論早已被遺忘。但巴夫洛夫並沒有被忘記,且在今日校園中行為改變技術仍大為風行,教師們使用正向獎賞與懲罰來改變外顯行為。

除了著重兒童的歸屬感與重要感等內在動機外,也有其他有效改變兒童行為的觀念,此觀點仰賴鼓勵及邏輯的後果來影響行為。在本節將比較這兩種觀點。

增強與懲罰

在大部分的行為改變系統中,一旦訂定規則(有時可與兒童一起訂定)且執行後,即開啟了複雜的增強與懲罰系統。Canter(2002)的「獨斷式管教」(assertive discipline)是基於增強與懲罰的系統實例。以下列出教師們用來正增強適當行為的方式:

國小個別學生	國小全班學生	國中生/高中生
證書	爆米花派對	學生喜歡的活動

特殊活動	實地考察旅行	表揚證書
貼紙、小禮物	額外的體育課	速食券
食物	冰淇淋派對	不必寫家庭作業
不必寫家庭作業	特別的烹飪活動	凝膠筆、鑰匙圈
口頭讚美	口頭讚美	海報
好學生榮譽榜	自由活動時間	電腦時間
		可以交換上述事項的「現金獎賞」

教師筆記欄 *A Note from the Teacher*

> 情緒有所困擾的兒童很難正向面對班上其他同學。我用彩色湯匙作為代幣（tokens），班級中有十位幼兒，每天放學前，表現良好的幼兒可獲得九個代幣，在每週五我們計算所有代幣，前五名 MVP 學生在下週可使用個人閱讀座位。開始實施的幾週，他們能隱約預見提供的報酬。
> ——D. Gillman

　　增強可用於個人、團體或全班。設計記錄系統很容易；維持卻很難。教師們製作一張學生名單，當學生得分則在空白處張貼星星、圖釘或徽章。如果以組別來記錄，當整組兒童做對了，則整組得分。有些教師以全班為單位來執行此系統，且一旦每位學生表現出適當行為，則在罐子裡增加彈珠或玉米粒，罐子滿了代表可舉行爆米花派對或特殊禮遇。有些教師在每項活動開始前，會公布可獲得的分數或彈珠數。

　　如同你所見，此程序極費時，如果你選擇採用，必須公平一致的使用此系統。學生們將會大聲要求分數且在你忘記給分時提醒你。須留意管理上的問題！也小心別使你的學生成為增強的上癮者，只為了物質的

獎賞才表現出好行為。如果管教的終極目的在於自我控制，僅依賴外在的動機可能達不到預期的目標，這些系統可能使你的班級更加混亂，而非修正行為。

增強系統的背後是教師們使用懲罰違反班規的各種方法，一旦如此，依賴此系統可能使兒童得到負面的檢核，在黑板或教師的筆記板產生更多負面的後果，包括：不准下課、放學後留在學校、去見校長、帶通知書回家或不得參與喜歡的活動。在國高中，懲罰方式可能包括：扣留、隔離、罰款、休學及通知家長到校。我最近蒐集一些初任教師常用的懲罰方式如下：

教師筆記欄 *A Note from the Teacher*

- 我在桌上放著行動電話，讓表現偏差行為的兒童立即打電話回家。
- 我寫上或擦去QUIET（安靜）的字母，如果都擦掉了，表示全班都沒有自由活動時間。
- 我讓「行為欠佳兒童」坐在圓圈中央。
- 我讓每個人寫下他們的想法。

雖然懲罰可以立即停止某行為，Nelsen（2000）提醒我們，長期而言懲罰可導致四個R：「報復」（revenge）、「怨恨」（resentment）、「反抗」（rebellion）及「退卻」（retreat）。如果使用懲罰策略，你可能贏了面子輸了裡子。有一位教師利用漸增的負向彩色編碼色票的透明插卡袋，改變為代表正向結果的彩色級數，一旦兒童或團體「做對事」，她就將卡片翻過來。第一個顏色代表「好」，再來是「很好」、「非常好」，最後是「特優」，達到特優的學生將給予特殊獎勵。將漸增的負面扭轉為正面增強的結果，對於班級氣氛有深遠的影響。

■■■ 鼓勵與邏輯後果 ■■■

　　Dreikurs 及其同事（1998）提出以鼓勵作為一種讚美的替代方式。雖然讚美是針對成功者，但尚未成功者更需要鼓勵。鼓勵邁向成功之路的一小步如同完成全部工作一樣重要，就像 Dreikurs 及其同事的看法，如果表現偏差行為的兒童是受挫的兒童，那麼教師的目標並非給予兒童不值得的假讚美，而是藉由鼓勵與讚美協助每位兒童獲得小勝利。教師們必須提供所有兒童（尤其是受挫兒童）有機會體驗成功。Dreikurs 及專家教師提出鼓勵的方式包括：覺察努力、指出有利的貢獻、與兒童分享你所見的改善之處、發現兒童可能成功的特殊工作、請兒童分享其特殊興趣或才能、請兒童協助需要幫助的人、展示兒童的作業、以你認為兒童可接受的任何方式鼓勵他（她）。Reimer（1967）提供一系列鼓勵的用語如下：

繼續嘗試，不要放棄。　　　　你做了一件很棒的事……

你在……方面已有改進。　　　你可以協助我……

讓我們一起試試看。　　　　　我確信你能徹底完成。

　　學生們真正渴望得到的是教師額外的注意，無論是學業上或個人生活上。我以「私下處理」的方式，像擔任班長的機會或與老師共進午餐、協助我打掃庭院或擔任特別的教學助理。這些「表現不佳」的學生常有驚人的成功故事。

　　　　　　　　　　　　　　　　　　　　　　　　　──T. Hong

　　如同鼓勵是讚美的代替物，邏輯的後果（logical consequences）（Dreikurs, 1998）是懲罰的代替物。懲罰是由局外人所施行，在邏輯後果取向中，兒童則是經驗自己行為的自然或邏輯的後果。依據 Nelsen

（2000）的觀點進一步區別邏輯後果與懲罰之不同在於三個 R，邏輯的後果總是與冒犯「有關」（related），是「合理的」（reasonable）及「尊敬的」（respectful）。學生在桌上塗寫就要負責清理；在操場上打架的兒童需坐在長凳上一兩天；弄翻顏料的兒童要用拖把擦洗地板。通常可以給予兒童選擇停止行為或接受邏輯的後果。邏輯的後果並不丟臉，且教導幼兒責任及行為與後果間的關係，在你嘗試任何事情前，牢記此片語：「做出最佳的選擇」。

化解微罪

在班級中處理較小的違反班規行為實際上不少。也許你會想要立即反應，但最好還是深呼吸，找出任何可能的原因，且盡可能以最不強迫的方式介入。我建議以「最不強迫」的方式，是因為有些違反班規的反應較干擾學習歷程而非原罪。須確定學生們了解他們選擇的不適當行為，因為語文、文化及社經地位之差異可能產生誤解。以下是有經驗的教師用來箝制較小的違反班規行為時所採用的一些冷靜衡量方式。

■ 忽視較小的事件 ■

如果你不停的注意每一個違規行為，可能無法完成任何教學。依照自己的判斷，不必小題大做。有時連我們也會忘記，故應可容許微小的錯誤。Henkes（1996）在其所寫的《莉莉的紫色小皮包》（*Lily's Purple Plastic Purse*）一書中，有正確的忽視較小事件的觀念，當莉莉帶著引人注意的紫色錢包到學校，然而，蘇老師把皮包沒收，但下課歸還時附上字條：「今天很難過，但是明天會更好。」Emmer 與同事（2002）認為中學教師若期待學生能完全順從班規，應思考且有所行動。

非口語且不張揚的介入

如果你想保持互動流暢，同時重複處理事情且以非口語方式處理較小的違規行為，不要使用體罰。以下提供教師們更為有效且不張揚的技巧：

注視　有些教師會跟違規學生保持眼神接觸，且凝視他直到他減少該行為。Jones（1992）認為可加上其他非口語的介入，切記文化的規範可能不准學生在背後直視著你。

身體接近　走向違規學生，通常會使他停止該行為（Jones, 1992）。你可能必須靠近此學生且站在身旁，占據學生的空間通常能使其停止某行為，當你經過時，將手放在桌上也很有效，但只走過桌旁可能無法達成效果。你可閱讀 Jones（1992）的研究以了解更多非口語的限制設定。

信號　可事先與個別學生建立信號。將一根手指指著臉頰等於告訴他，你已知道他的行為且希望他停止，此有助於給學生保留面子，因為這預先的信號是隱私的。一般常見的信號包括：搖頭、揚眉、手指快速畫弧形。

徵求協助　一旦發現學生開始出現違規行為，可徵求他協助一些與教學有關的小任務，以檢視其偏差行為。例如：擦黑板或發教具，任何這些工作都可使違規者知道為什麼會被選上，且不必使用懲罰方式。

發問　藉由詢問正在違規的學生問題，常可因此引導他專心上課，而制止混亂的發生。需確定是容易回答的問題，因為你的目標不是為難學生而是以積極的方式引導其專心。如果你覺得學生可能無法回答此問題，可請他選擇舉手的同學代為回答。

看我

為什麼？＿＿＿＿＿＿＿＿＿

最好的選擇是 ＿＿＿＿＿＿＿

日期 ＿＿＿ 簽名 ＿＿＿

圖 5.2 「看我」卡

鼓勵的時機 如果你發現違規學生正在或嘗試在所有「錯誤」的行為中做一件正確的事情，要及時把握機會引導兒童成功，打鐵趁熱且鼓勵該兒童獲得你的注意，違規者可能會停止不當行為。

「看我」卡 你可將兩張相同的「看我」（see me）卡放在兒童桌上的不顯眼處（圖5.2），也可讓兒童寫下為什麼他們會收到此卡且如何做出更好的選擇，並在卡片上簽名及簽日期。

延宕回應 如果上述的技巧無法奏效，與其中斷教學，不如堅定且簡潔地告訴兒童，在課程結束後將會回答其問題。延宕回應時機也提供你冷靜且思考適當的反應。Nelsen（2000）認為當你生氣或挫折時，冷靜最重要，且回應兒童的挫折行為，更可能惡化該行為。如果有兩位學生都涉入犯紀行為，請他們在班會議程上寫下姓名，同時也可讓他們冷靜。

危險與紊亂行為

上述這些建議與技術並不保證不會犧牲教學時間，且能處理所有偏差行為。有時偏差行為會由輕微邁向嚴重程度，這些行為包括：打架、誹謗、偷竊、破壞所有物、不斷違抗、拒絕工作及褻瀆的言語。這些嚴重行為的處理方式必須不同於違背班規行為或錯誤目標言行的處理方式。

處理這些行為並無可靠的祕訣，但有共同的原則。除非兒童陷入危險，最好以冷靜且理性的態度來處理嚴重的違規行為。對於兒童行為持

續詳細記錄，包括：日期、行為描述及你的回應，並尋找原因及尋求協助。雖然以下列出的行為並非包括代表全部的嚴重行為，卻是有徵兆可尋的行為：

憤怒	辱罵的言語	自殺想法
退縮	暴力威脅	暴力圖畫
拖延	脅迫的衣著與徽章	任何極端變化行為
遲到	缺席	威脅其他學生
霸凌	身體或心理受虐的徵兆	帶武器上學
違抗	憂鬱	躁狂行為
粗野		
喜怒無常		

　　詳細的軼事紀錄有助於討論問題且可與同事及家長一起尋求解決之道。最好徵求校長、學校或地區心理師、諮商師、學生研究團隊、特殊教育教師及父母協助，一起設計長期計畫或策略。其他較有經驗的教師也可協助，尤其是早年教過該兒童的教師。

　　當你懷疑兒童可能將持續出現不適當行為，需趁早求助。可求助學校或地區有助於你的有力人士，你是有豐富資源，並非無能為力的！在諮詢校長、學校、地區的諮商師後，也可徵求家長或監護人的協助。首先可以電話聯繫，如果有必要，可以開個會，且確定家長可參加會議，家長也可從你的先前聯繫中獲得許多訊息。在會議中：

- 多談談兒童的良好表現，使家長感到自在。
- 使用軼事資料描述不適當行為，留意且制止家長的過度反應。
- 向家長強調無論兒童的負向行為有多嚴重，也是有許多正向特質且可表現適當行為。
- 從家長身上了解兒童對於學校的態度、在家中的行為、在家中如

何處理不適當行為的方式，及家長認為孩子在學校表現偏差行為的可能原因。

● 一起設計基於鼓勵及邏輯後果且不違反文化規範的計畫。

● 讓家長了解孩子的進步情形。

應避免的回應

處理較嚴重的管理問題，最難之處在於壓抑違規行為所引起的一些非人性化反應。想像當你班上發生嚴重的違規，而你正穿上天使之翼且頂著一圈光環，教師的冷靜態度不僅無法緩和違規者，且無法安慰與你一樣感到不適的其他學生。以下提出一些應避免的回應，這些是由有經驗的教師們所提供，雖然他們也承認這些不可能完全避免，但盡力就是！

● **不再怨恨**

　　一旦學生的行為已經處理，試著不再痛斥且學習寬恕及遺忘。讓每天重新開始，就像一則教師格言所說：「不要含怒到日落。」

● **視為個人行為**

　　不必認為兒童的某些紊亂行為徵兆是反應出對你的態度。你也是需要自我鼓勵的。

A Note from the Teacher
教師筆記欄

　　在上課時，某位學生持續表現偏差行為，所以我以隔離（time-out）方式，請他到教室後面罰站。不幸地，滅火器正好在該處附近，他為了尋求報復，開始到處噴灑，我立即在泡沫上覆蓋沙土，我們才得以呼吸。不用說，我從此不再使用隔離方法了。　　——D. Clark

● **連坐法**

將某種行為後果應用到全班學生身上是不公平的,例如:不能下課或上美術課,因為只有少數學生表現偏差行為。應區別違規者與非違規者,且繼續進行教學。

● **逐出教室／隔離**

在許多地區,讓學生在沒有監督下站在教室外面是違法的,即使不違法,這仍不是良好的解決方式。兒童可能只是在走廊或操場閒蕩,他們想必不會乖乖待在那裡。除非是極少數的特例,否則不要帶他們去別班教室或校長室,這樣不僅增加其他教師與校長的負擔,若常常如此也表示你無法處理偏差行為。試著不屈不撓的在自己教室內處理問題。

● **體罰**

雖然你可能心煩,但絕不可抓、捏或毆打學生,他們可能誇大某些微不足道的管教方式,你必須自我保護。此外,如果你希望消弱(extinguish)學生此類行為,就不能在全班學生面前示範體罰。

● **羞辱**

不要使用諷刺、嘮叨或讓人當眾困窘的方式來羞辱兒童。學生想要保留面子,如果你可以私下與其談談,則可使其打消了進一步對抗或保全面子而表現出的負面行為。

● **更多作業**

命令學生罰寫 25 遍句子或做更多作業,可能也無法改變行為。相反地,可能產生反效果,學生反而喜歡被懲罰。

● **威脅說你不能／你做不到**

如果你退出或放棄將失去信用,為了避免如此,在宣布之前要謹慎思考。先跳脫情境並冷靜一段時間,找出雙贏的方式,簡單地

說：「Sam，雖然我期待你將不會再打架，此次我選擇不追
究。」如此一來使你容易處理且仍然掌控此情況。或讓兒童在停
止行為與邏輯後果間做選擇。

最後的叮嚀

試著以放輕鬆的態度來管教，且採取此態度：「我已盡力而為。」
如果做了錯誤判斷，明天仍有機會補償你的損失。兒童們極寬大且有彈
性，如果太鬆懈，隔天就稍加嚴格管教；反之，則輕鬆些。別忘了在幾
年前，教師在處理管教問題上也沒有這麼多的書面指南可參考。

不要受到管教事務所困擾，因為這並不是有效教學的唯一要素，事
實上，如果太強調管教且太想要控制，你可能無法處理較主動的學習與
探究活動。如果你以安全及安靜為管教的最高指導原則，可能被教唆採
用訓斥方式且得到其效果，但這不是唯一的管教方式。

現在你必須綜合所有已閱讀的內容且說出你周全的管理計畫。工作
單5.4「給家長的管教信」，可基於你對兒童的信念及自己的管教哲學，
來概念化你的一套系統，然後使用工作單 5.2 再加入你的管教系統標
準，過幾年你可再精煉你的觀點。

相信你自己和你的直覺。你的經驗、同事的經驗及兒童只能協助你
指出哪些作法有效而無法替你達成任務。

Reflection Box
反思欄

本章有任何改變我的想法嗎？
我仍有的問題是……

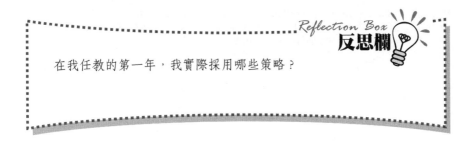

Reflection Box
反思欄

在我任教的第一年，我實際採用哪些策略？

延伸閱讀

Charles, C. M. (2002). *Essentials of effective discipline.* Boston: Allyn & Bacon.

Charles, C. M., & Senter, G. (2002). *Elementary classroom management* (3rd ed.). Boston: Allyn & Bacon.

Evertson, C. M., Emmer, E. T., Clements, B. S., Sanford, J. P., & Worsham, M. E. (2003). *Classroom management for elementary teachers* (6th ed.). Boston: Allyn & Bacon.

Jones, F. (2000). *Tools for teaching.* Santa Cruz, CA: Fred Jones & Associates.

Nelsen, J., Lott, L., & Glen, H. S. (2000). *Positive discipline in the classroom.* (3rd rev. ed.). Roseville, CA: Prima Publishing.

Thorson, S. A. (2003). *Listening to students: Reflections on secondary classroom management.* Boston: Allyn & Bacon.

參考文獻

Canter, L., & Canter, M. (2002). *Assertive discipline: Positive behavior management for today's classrooms* (3rd ed.). Santa Monica, CA: Lee Canter and Associates.

Charles, C. M. (2002). *Building classroom discipline: From models to practice* (7th ed.). Boston: Allyn & Bacon.

Dewey, J. (1980). *The school and society* (paperback ed.). Carbondale: Southern Illinois University Press.

Dreikurs, R., Grunwald, B., & Pepper, F. (1998). *Maintaining sanity in the classroom: Classroom management techniques* (2nd ed.). Levittown, PA: Taylor and Francis.

Emmer, E. T., Evertson, C. M., & Worsham, M. E. (2002). *Classroom management for secondary teachers*, 6th ed. Boston: Allyn & Bacon.

Glasser, W. (1998). *The quality school teacher.* New York: HarperCollins.

Glasser, W. (1975). *Schools without failure* (paperback ed.). New York: HarperCollins.

Henkes, K. (1996). *Lily's purple plastic purse.* New York: Greenwillow.

Jones, F. (1992). *Positive classroom discipline.* New York: McGraw-Hill.

Kounin, J. (1977). *Discipline and group management in classrooms.* New York: Krieger Publishing.

Maslow, A. (1987). *Motivation and personality* (3rd ed.). New York: HarperCollins.

Nelsen, J. (2000). *Positive discipline* (Rev. ed.). New York: Ballantine Books.

Reimer, C. (1967). Some words of encouragement. In V. Soltz, *Study group leader's manual* (pp. 67–69). Chicago: Alfred Adler Institute.

多元評量與真實評量

　　現在，你已經整頓好教室、決定好例行工作、蒐集了教學資源且認真思考管教的問題，這本書保證讓你值回票價：「如果所有的學生都是由你選擇的獨立個體複製而來，你將會有完美且成功的一年。」本書的讀者也許會對這樣的保證有所質疑，但是我對我自己有信心。

　　開學日，學生的個別差異會自動在你的面前顯現出來，性別和生理上的差異只是冰山一角。事實上學生來自不同的社經地位階層、各式各樣的家庭類型，有不同的特殊需求、興趣、能力、語言、學習風格和態度，這些變化是無止盡的。Nieto（2000）認為多元文化教育不是一味

的添加課程，相反地，是「將多元文化的教育遍及於學校所使用的課程與教學策略；教師、學生和家長的互動；概念化教學和學習的特性」。

Barnes（1985）認為教師對於評量學生（作為判斷優缺點的歷程）感到惶恐，他們發現這種教學層面特別困難是因為不想傷害到學生的感受，教師不認為他們擁有充分的評量技術且不知道要如何將學生的努力與否，而不是實際表現，列入評分之中。Tienken 和 Wilson（2001）研究發現在美國 50 個州其中有 35 個州並未要求教師證明有能力評量或已通過此類課程。

如果評鑑（evaluation）是一種判斷，那麼評量（assessment）可以被定義為評量所根據的量度或指標。事實上，評量是教學的一部分，真實性評量（authentic assessment）的新取向與歷程，將有助於你把評量視為教學與學習中不可或缺的一部分。

本章在於描述如何診斷且評量實際進步情形，及如何將此訊息應用於教學歷程中，以符合多元學生的需求。

常模參照測驗與效標參照測驗

讓我們先來定義一些有關評量的主要概念，這些概念在研究所的研討會中，常會讓人昏昏欲睡。首先，常模參照測驗（norm-referenced test）與效標參照測驗（criterion-referenced test）間最基本的差異是什麼？常模參照測驗（標準化測驗）是測量學生與學生之間成績的相對性關係，藉由鐘形曲線圖可得知，有一半的學生總是落在 50%以下。另一方面，效標參照測驗通常是以各種不同的熟練程度，將學生測量的成績比照標準或準則。在此種類型的測驗，可想而知「所有」學生都很有可能成功通過測驗。有時標準化評量歸類於效標參照測驗的類別，特別是在地方層級；有時標準是基於州級標準參照或常模參照測驗的題項而建立。

兩種標準法

兩種標準是指內容標準和表現標準。內容標準指出學生應該知道的和應具備的能力；表現標準則測驗學生所能夠完成標準的內容程度。Linn（2001）定義表現標準在於具體的說明測驗「多好才能夠算是好」，他並指出表現標準關鍵特性是能夠使教師、政策制定者、家長及學生感到滿意。首先，表現標準的設定門檻非常高，是只有少數人才能達到的精熟程度。他們可用於「所有」的學生而非特定的團體，基本假設是所有的學生都能夠達成他們所設立的目標。

表現標準有程度之分（4、3、2、1，或高等、中高等、中等、初等），進一步訂定建立學生熟練度的標準，這些程度讓每個人（家長、老師、學生、行政人員）都知道學生精熟內容或技巧的程度。在地方層級，他們提供回饋和報告教學決定（California Department of Education, CDE 2001）。

沒有一個表現標準適用於所有的內容標準——至少目前為止還沒有！地方當局傾向由界定主要內容標準和設計表現標準來評估這些內容標準。在班級中，教師的職責（CDE, 2001）是去挑選一個甚至更多標準產生表現水準的範例，發展引導出學生高成就的活動，評量學生，且將評量後的資訊再融入教學中。

表現標準和評量指標

表現標準有時意指評量指標（rubrics）。Andrade（2000）解釋，教學指標如同「一兩頁的文件檔案描述特定作業從優良到劣等的不同程度。我曾在大學課堂中使用教學指標，而像大一的年輕學生也設計了他

們自己的寫作評分標準」（Skillings & Ferrell, 2000）。評量指標描述了學生達到某成績必須完成的內容，評量指標或表現標準列出了學生作業的特色之一。舉例來說，在數學的問題解決技巧或英文、語言藝術上具有說服力的寫作。所有問題解決的例子或說服力的寫作，無論主題為何，都應包含這些特徵。

Andrade（2000）繼續解釋在訂定評量指標過程中的六步驟如下：

- 檢視學生的範例作業，從程度好到差之間的變化。
- 列出一張評量作業的標準清單。
- 挑選出少數可控制的標準。
- 簡述大概四種程度的表現標準，這些程度可用 3、2、1、0 來區別等級。
- 設計評量指標的草稿。
- 將這指標應用於試驗階段，接著修正並改進。

真實評量與檔案

Ardovino、Hollingsworth 與 Ybarra（2000）認為學校應使用多元化測驗去評量教學及課程成效。為什麼？有以下四點理由，首先也是最重要的一點是以標準測驗作為單一指標，他們藉由這個方法來評分，有一半學生的標準測驗低於全體 50% 之下。Ardovino 認為教師可以利用表現評量，透過多元測驗將相同的資料用作說明性的決定、課程計畫、決策與教學。

真實評量（authentic assessment）強調學習過程的連續性，而不僅是結果，他們也列入許多考量因素或學生進步的幅度，而非只是像標準化測驗一樣測量單獨、個別技能，且假定相同的起始點。真實評量更基於表現——在知識的獲得、技巧和態度上。從真實性評量所得到回饋協

助教師修正或適應教學過程，以符合學生的需求。真實評量由老師、學生、家長執行，評量通常在教室情境中進行而非由外界人士所設計的考試題目。

接下來的內容是被愈來愈多教師使用作為診斷和形成評量所需的標準化測驗的真實評量描述。

檔案評量（portfolio assessment）意指透過組織及管理系統蒐集資料以監控學生的進步情形。Vavrus（1990）認為：「檔案是老師與學生透過系統化和組織化蒐集的資料，以監控學生在特定領域的學科知識、技能及態度。」檔案的項目由教師、學生、家長、同學甚至行政人員選擇，內容不僅包含這些樣本（聽覺、視覺、出版物），也應包括選擇者依據先前標準定期檢視內容及評量進步情形的評論。這個反思層面能賦予孩子權力做決定，且根據建立的標準去評估他們自己的進步情形。

可以在會議時與家長分享檔案且作為完整成績單與較客觀的評量。除了其他紀錄卡，檔案也可一併傳給下一任教師或讓兒童在期末時拿回家。這是學生進步情形的具體資料，檔案也是一個不間斷的診斷工具。

Viechnicki 及其同事（1993）發現檔案評量對教師的正面影響遠比研究預期深遠，在研究中有 36 位國小教師自陳他們的教室變得更以兒童為中心。教師整合課程使用更多合作學習和詢問取向，增強他們的組織技巧，也變得更願意與同事和家長分享檔案資訊。教師表示較能夠看到過去其他方面可能忽視的兒童潛力，檔案評量使教師們受到激勵與鼓舞，學生們也受益於合作學習、以興趣為主的焦點團體，有機會與同儕及老師討論，自由的氣氛使其投入實際的活動。

教師利用檔案撰寫自己的經驗，盡可能閱讀所有和管理檔案相關的參考資料，和同事討論，且參加所有此方面議題的在職進修或研討會。本章末列了一些檔案評量的練習資源，透過這些參考資料你將會發現一些關於檔案管理非常實際的意見。以下有一些節省時間的祕訣：

- 每天花一些時間檢視部分學生檔案,以此方法你可以每兩週檢閱完一次。

- 利用便利貼記錄軼事,這樣你可以很快記下且加入文件夾,貼在一張較大的回應單以便能夠延伸你的意見。

- Artesani(1994)建議提供每一位學生錄影檔案,班級可以利用錄影帶做口頭報告、遊戲、玩偶秀或其他活動。接著拷貝錄影帶作為學生個人檔案的一部分。

- 如果每位兒童有自己的光碟,可以利用電腦幫助整理你的寫作檔。將草稿、編輯版本、最後作品和同儕、教師甚至家長一起瀏覽,可以將全部檔案放在同一個光碟的資料夾,會更容易列印。

- Parker(1996)建議讓每位兒童準備一個「紅綠燈」資料夾,以整理他們的寫作檔:綠色指草稿,黃色是正在編輯及要和教師討論的,紅色則是最後的稿件。

　　檔案評量的技巧已經由許多作者簡化許多。無論如何,首先要留意地區的方針,有許多地區已建立自己的形式且提供教師們在職進修。有一些真實評量和診斷評量實際上可能成為學生檔案的一部分。

真實診斷:興趣和態度

　　學生們自己能夠提供你從別處無法獲得的豐富資訊,且給你基準線去建立班級的多元性,以下有許多技巧提供你選擇。

面談和登錄

　　在第一週有些教師會花時間和每一位學生面談,儘管這樣做相當耗時,但是面對面的交流可讓你追蹤問題且個別考慮問題。你可能事前草

擬適當的問題,一些典型問題如下;無論如何,在進一步閱讀之前,你也許想要開始策劃屬於你自己的工作單 6.1「面談與興趣調查表」。

- 在家你是使用什麼語言?
- 你最喜歡的家庭傳統是什麼?
- 放學後你喜歡做什麼事?
- 你喜歡閱讀什麼類型的書籍?
- 什麼是最好的生日禮物?
- 你最喜歡的電視節目是什麼?
- 你每天花多少時間看電視?
- 你最喜歡的收藏品是什麼?
- 你最喜歡什麼科目?
- 你不喜歡哪些科目?
- 你最喜歡什麼運動?你有參加任何社團嗎?
- 你最想要拜訪哪一個遙遠的地方?
- 你有養寵物嗎?跟我分享我關於牠們的事。
- 未來的一年你有想要問我的問題嗎?
- 用三句話來形容自己。
- 跟我分享你最擅長的事。
- 你最喜歡學什麼新事物?
- 你長大後想要當什麼?

可以寫出問題,影印給學生,由學生自己回答問題或者讓同學之間相互提問且填寫答案,如此一來就可以節省教師許多時間,但這就不能讓老師去追蹤問題了。另一個替代方案是給學生像底下所列出的選擇清單,適當勾選他們擅長和他們想要進一步鑽研的項目,或者一點都不喜歡的項目。

放聲閱讀	大富翁遊戲	騎腳踏車
安靜閱讀	猜字謎	烹飪
寫故事或詩詞	運動	繪畫
在同學面前演講	上圖書館	電腦
數學問題	唱歌	聽音樂
藝術設計	跳舞	團體運動
科學實驗	電動遊戲	

　　利用工作單 6.2「學生自我評量」，設計一個完全由學生評量的適當等級，可以為小學生加上圖案說明。

　　由學生自己填寫且通常包含從高而低程度的回應，你也可以使用數字當作評量工具或甚至從開心到悲傷的表情，以下有一些範例，利用工作單 6.3「態度調查表」，設計適當等級的學生態度測量。

　　　　　　　　　　　　1　　　2　　　3
　　　　　　　　　　　　☺　　　😐　　　☹

在團體中閱讀你的感覺如何？

當有人在你面前閱讀，你覺得怎樣？

每天都來學校你感覺如何？

你對數學的感覺是什麼？

你對自然科學的感覺是什麼？

你對社會研究的感覺是什麼？

你對藝術的感覺是什麼？

聽音樂讓你感覺如何？

假期外出的感覺如何？

看電視的感覺如何？

在同學面前演講的感覺如何？

擔任班長的感覺如何？

寫故事讓你感覺如何？

對於團體合作工作的感覺如何？

對於使用電腦工作的感覺如何？

　　較年長的學生可以撰寫自傳當作初期的評量，其中可能發掘出你從未想過提問的問題。

真實性診斷：教學

　　為了診斷教學上的個別差異，你必須知道你的學生在這學年中期望學到什麼。第二章闡述當你在計畫課程時建立教學目標和標準的過程，在你已經蒐集到下一學年你需要教導的一些觀念之後，找出學校中可取得的診斷工具。可以從同儕及在職進修會議蒐集診斷測驗資源與過程有關的訊息，或詢問同事（校長、資源教師、學校心理學家、同學年教師）及參考教師手冊（其中經常包含診斷測驗與實施及解釋指導說明）。舉例來說，若是你想設計數學的診斷測驗或基準只是為了在剛開學時有所了解，結果整間資源教室滿是各年級數學安置測驗和課本，說不定你也會為自己這樣的耗時感到不好意思！

　　在開學第一週，主要的活動在於診斷學生的需求、能力、興趣和態度，透過各種的診斷，你將需要提早做決定，以進行編組或個別處理特殊學生的教育課程。

　　除了各種診斷之外，在學期中你要愈來愈精細地區分兒童的興趣與能力，以確定真的達到他們教育、社會和情感需求。診斷應該是連續的且保持精確的紀錄，使你專心在需要更多個別化的特定課程領域，你計畫於開學使用的一般或各種診斷，不應使自己感到壓力，你可利用現有

紀錄，以及較容易管理和評分、簡短且符合教學目標、對學生不具威脅性的診斷測驗以節省時間，且團體施測會比個別使用更省時。

然而，你不會用所蒐集到的全部方法實施在每位學生身上，當要去嘗試診斷你的班級優勢和劣勢及回應個別差異時，這些由有經驗的老師所建議的方法提供你多樣的選擇。診斷評量也可以加入學生檔案之中。

教師自編評量／診斷測驗

一旦你已經了解年級標準，你可以設計為診斷基本技巧與概念容易評分的診斷工具，以確定教學的起始程度或進度情形。和學年的其他教師分享你的分級方法，他們也許會有適合你的班級診斷與複習測驗的相關檔案。地方政府在檔案中也常有基準點測驗範本。

求助其他教師

有時候可藉由在全體同事面前討論個別學生事件，來減輕挫折感，這並不是最好的方式，但卻是可行的。對於兒童讓你感到阻礙或挫敗不要反應過度或完全保持沉默。反之，了解學生上一學年的老師或其他團體成員對於目前你所關心問題的看法。你或許會發現：(1)你的看法受到肯定；或是(2)藉由分享他（她）去年如何解決學生的問題，能幫助你避免重複問題；抑或(3)你對個別學生沒有得到更深入的了解。那麼就應尋找學校相關人員的協助，不論是特殊教育資源教師、校長或學校心理學家皆可。

與家長溝通

家長能夠提供你許多有助於評估優缺點的意見，你不用等到正式的家長會，如果你需要任何資訊，家長都會很樂意提供，撥通電話給他們，讓家長知道你需要他們提供兒童可能的學習狀況。一位幼稚園老師

在開學第一週常跟每位兒童家長面談，利用一個非正式的問題引導出關於兒童的優勢、劣勢、興趣、恐懼、偏好食物、童年創傷、發展里程碑、健康狀況及其他需要關心的問題。如果家長是外籍人士的話可安排一個翻譯員。這些額外的努力會讓家長全力合作和支持，且提供教師豐富的資訊。

■ 累計紀錄卡 ■

累計紀錄卡提供了學生從小學到高中教育經驗連續和簡潔的文件，受到教師及學校其他人士廣泛使用。由於是根據兒童每個年級的紀錄且包含非常多在學校的成長和發展層面、學業及行為表現，累計紀錄卡通常包含基本資料（有些會附有照片）和家庭資料、社交紀錄、情感、前一年學校經驗、健康紀錄、測驗資料、興趣、態度，及所有出席紀錄。

教師不宜在做判斷前就先去調閱累計紀錄卡，反對者是害怕他們對於某位學生有先入為主的判斷與偏見。另一個看法是，兒童或許在暑假結束後有所改變，或先前的老師和你的期望有所差異，甚至有教師在學期末快要結束前，要自己填寫表格時，才第一次看累計紀錄卡。在優點方面，提早在學年前檢視累計紀錄卡將能及早發現並預防學生的任何生理、社會、情感或學業問題。從及早發現及早治療的觀點而言，蒐集個別資訊將有利於預先觀察整個團體，且促進你的計畫。

可自己決定是否事先檢視學生的紀錄，或直等到你已分析其他基本資料後才去檢視。若不逐一檢視所有的紀錄，可能錯過一些重要卻沒有顯露出其他意義的資料。

■ 檔案或熟練檔案 ■

在一些學校的行政系統，連續或表現標準（期待結果的清單）引導教學計畫，特別在數學、語言和閱讀。甚至在開學之前，檢視這些標準

135

將使你了解班上學生去年精熟先備標準與技能的情形。雖然你不能忽視假期中「遺忘」的因素，至少如果兒童精熟去年的教材，有機會複習之後，他們將會很快的再「回想」起。如果所有學生忘記了某項技能，你可以開始去思考團體複習課程。這個連續性、表現標準及確認單也可以作為學生檔案的一部分。

利用工作單 6.4「檔案內容」，核對在學生檔案中能適當蒐集的項目，你可以額外列出適合於任教標準或學科的項目。

如果你利用上述一些蒐集資料的方法，對於每位學生你將會有相當完整的全貌。但你可能仍然不知道學生的三 R 程度。你可以利用普通常見的診斷工具，像是非正式閱讀編目（Informal Reading Inventory）、教師自編數學診斷測驗、寫作範本，或是對於年紀較小的學童可利用繪圖或圖書範本。你不需像教育心理學專家一樣來使用這些工具或蒐集資料技巧，這些不是臨床評量工具，但教師實際上使用這些方法時會有學生數量和時間限制。教師自陳他們會利用這些工具及技巧，在開學第一天和接下來的幾週做一些事前評估或診斷測驗。

這並非表示不要使用太複雜的測驗，而是應該由受過專業訓練的閱讀、數學或學習障礙專家，並根據你的廣泛診斷且經過適當介紹後才實施。

閱讀程度

教導閱讀對於教師而言特別困難，因為班上學生閱讀能力參差不齊，可用來蒐集彙整閱讀檔案的一些技巧之前已有提過，這些包括和學生的面談、觀察、態度調查表（著重在閱讀的態度）、興趣調查表（隨著問題決定閱讀興趣）、檔案或能力檢核表，及在累積紀錄卡的閱讀標準分數，其他資料來源如下所述。

教科書診斷測驗　有幾家出版社會出版包含評量學生閱讀精熟度的全面指標和考試材料。確認你的教師手冊是否包含檢查測驗、安置測驗或檢核表。

去年的書單和閱讀程度　關於書籍的資訊和大概相對等級程度，經常是透過老師之間的一些正式閱讀紀錄傳遞，作為部分累積的紀錄或學生部分檔案。需留意書籍及讀者的閱讀趨勢而不是學生去年讀了幾本書。

克漏字測驗　克漏字測驗需要學童根據文章內容上下文的線索去填空格，克漏字測驗可以在較高年級的班上實施，同一時間快速得知多位學童的成績。此外也可讓學生融入閱讀資料而且容易設計，在國高中，可利用實際文章教材作為克漏字測驗。

1. 從每一個閱讀難度中選一節內容約 250 字的文章段落，或是你覺得合適的讀本。
2. 保留第一句和最後一句，接著依序刪除第十五字，確定你所保留的空格長度沒有提供線索，總共至少應有五十個空格。
3. 將這些影印出來，要求學生從最低程度開始填空格，且必須要提供精確的字。
4. 保持日益進階閱讀程度，直到學童能夠回答約 40%至 60%正確的字母，能做到如此，表示他已達到其學習程度；未達 40%即為挫折程度，且其餘的教材對於基礎程度的閱讀者而言可能太難。一般說來，達到 60%以上是學生們獨自閱讀的程度。

非正式的閱讀清單　非正式閱讀清單（informal reading inventory, IRI）和測試紀錄是個別化測驗，因此，需要更多時間去管理。大多數的閱讀系列會提供使用這些測驗的詳細教學說明與教材。

嘗試錯誤 這個技巧是假設如果學生可以回答文章中大約 75% 的問題，且使用各種線索來譯碼，則學生應該可閱讀特定書籍。學生可能會被要求閱讀二到三個層級的文章，接著在文章中安排小測驗以吸引他閱讀並完全理解。由於這些決定是試驗性的，可能是文章內容太簡單而在測驗中僥倖得分，如果可能如此，則需進一步觀察證實。

閱讀中的評量 藉由觀察學生及聊聊學生們的閱讀興趣，你可了解更多。儘管你致力於決定適當的教學層級，你也需要利用觀察技巧去監控每一位學生的閱讀，及決定何時需要改變。偶爾讓學生放聲閱讀是一個很好的方式，在閱讀活動中仔細的監控參與和回應也十分有效。和小組或個人討論關於他們最近的閱讀興趣，將會給你更多資訊。要求學生保留圖書館書籍的借閱紀錄，將能更進一步了解他們的閱讀動機。

準備以彈性和輕鬆的心看待閱讀診斷過程，因為你的經驗和直覺能夠很快地讓你知道，學生的閱讀情形是在程度之上或下。

數學診斷

閱讀評量各式各樣的技巧也可以比照應用在數學上，這些包括利用表現標準、基準測驗、能力檔案、標準測驗分數，根據先前的學年使用書籍的程度，診斷工具包括數學系列及教師自編診斷測驗。

在某些方面，教師自編診斷測驗是較容易編製的數學測驗，只需要增加與技巧或概念有關且愈來愈難的範例，則可測驗每一個概念及技巧。你可能會發現這些已經成為複習測驗或在數學作業簿上的學習單。再次提醒你，沒有必要閉門造車，可以問同事是否願意和你分享數學診斷測驗，優點是這些教師自編診斷測驗是可以長時間施測全班學生的。在你檢查以發現且記錄錯誤類型之前，學生可以當場互相交換改考卷。

精熟英語

為了評量第二外語能力，Diaz-Rico 和 Weed（2001）建議，藉由翻譯員和之前的老師及家長面談觀察，可作為標準化英語精熟及測驗的選擇方式。由於此議題十分重要，本章之末羅列了額外的參考資料。

語言寫作技巧

寫作範例是獲得語言寫作技巧最簡單的方式，或許你也不想再以「我的暑假生活」這樣的主題作為題目，可以讓學生在剛開始提供一個寫作範例給你，因此，你可以評量他們的文法、標點符號、拼音、書寫、慣用法，以及最重要的思考技巧。藉由仔細留意學生們的共同錯誤，你很快就會有第一節語言課程計畫。

真實性評量：社會和情緒成長

學生在班級中的互動將使你察覺任何潛在社會、情緒或行為問題，保持學生的軼事紀錄，可能有助於支持你在這些情感領域的疑惑。當你不需要立即尋找諮商員、心理學家或特殊教師，你想要小心且專業的開始了解觀察資料，以利於和家長、諮商員及其他人面談，這時軼事紀錄可能很有用。

將週期性評量訊息融入教學中

一旦你蒐集了關於學生的能力和需求訊息，將必須決定如何處理個別差異。你可能會發現任何特殊課程領域都有每個人共同的教學需求、某些人和少數人的教學需求。這裡有一些簡單的經驗法則：如果每一個人都需要，則進行全班教學；如果只是部分學生需要，則建立持續且特定的教學團體；如果只有少數學生需要，那麼就個別教學。

閱讀分組

在閱讀中的個別差異相當明顯。小學生不能夠恰好分成三個等組的引導閱讀小組，你必須根據你的診斷結果及可以同時處理的人數，做出困難的決定。現今的作法則建議不是只根據閱讀成績分組，也依照基本興趣和閱讀技巧需求編排特別小組。保持你的小組彈性，而且要考量到當你做小組決議時，不只根據你的診斷結果，還需考慮有關於孩童需求和興趣的訊息。

在一些基本標準閱讀系列和單獨學科領域，無論閱讀能力程度如何，僅有適用於全班的同一層級書籍，以利全部學生閱讀相同內容。如果你指定相同系列文章給每位學生，且發現某些人無法閱讀，可利用教師手冊建議的技巧。有一些符合個別需求的方法，包含：一邊閱讀一邊聽著錄音帶；學生兩人一組互相閱讀且彼此發問；或是以教師直接指導的小團體方式進行閱讀。

數學分組

你也會遇到學生數學能力個別差異甚大的相同問題。許多教師在引導整個班級數學教學時，他們所遇到的問題在於：不是所有學生都能夠

理解。因為每個年級都是同樣一本數學課本，你無法選擇讓學生使用程度較「低」的課本，除非你確切的想要他再複習去年教過的東西。根據主題分組及合併且重組團體是較有利的方式。舉例來說，如果你教不同分數的加法，可根據所有的次技巧來診斷學生。你可能必須介紹主題接著引導三個特別的小團體：像是相同分母加法、找出最小公倍數、不同分母加法。當同時間向全班介紹主題時，你可以指導這些小組以確認未具有必要技能的學生，建立他們理解並學習新的技巧。

■■ 合作學習團體 ■■

　　合作學習團體是由學生一起完成任務以培養合作學習社會技巧的異質性分組。教師們利用此策略可先以三或四位學生為一小組，有些學生可以一起合作準備研究及報告，每位組員都有不同的專長：編故事、創造字謎、解字、拼貼畫、連連看、引導實驗、腦力激盪、畫曲線圖和圖表、解謎語。事實上，許多班級活動有助於合作學習。合作學習是在多元文化班級可以促進學習的策略之一（Coelho, 1994），且有助於第二外語學習者（Johns & Espinoza, 1992）。在小組合作中，學生可以彼此學習優點，此策略的多元價值再怎麼強調也不為過。Vermette（1998）回顧合作學習相關研究結果，提出改善如下：

- 接納性別和友誼
- 了解身心障礙孩童
- 自尊
- 問題解決及學業成就
- 自在地使用電腦科技

準備標準化測驗

就像櫻桃樹在春天開花，每年時候到了，學校的資源教師將會帶著標準化測驗準時報到。到時孩童將會理解你的焦慮程度，所以將之視為積極樂觀的時候，不要太過焦躁了！

- 每天做一些測驗準備，避免測驗前的危機。
- 整合測驗準備與教學，且讓它成為另一項練習。
- 教導應試技巧：

  保持愉快心情。

  數學概算。

  剔除法。

  短文回應。

  藉由記憶幫助，例如：縮寫。

  尋找關鍵字。
- 複習不同的問題。
- 建立對於測驗的漸增容忍力。
- 強調早餐、睡眠、舒適穿著的重要。
- 在考試當天，有些老師給「魔法」餅乾或特別的筆或幸運符。其他延伸建議詳見 Clark（2002）。

適應特殊需求學生教學

當個別化教學已經完全開始實施，某些學生因為特殊需求，在班級中需要一些個別注意。極端的個別差異可能需要進一步測驗。如果你懷疑某位學生不是資賦優異就是學習障礙，向校方呈報，他將會透過學校

輔導老師、護士或資源教師，安排更多嚴謹的測驗來判定。

雖然你可能已經被班級中不受規範且需要你額外留意的學生搞得不知所措，給予這些學生更多的關注吧。以下是針對特殊需求學生需要不同的作業所提供的簡單建議。尋求資源教師的協助，他們會依照你的想法提出適當的建議。

▇▇ 低成就學生 ▇▇

回想過去讓你感到學習困難的事情。對我而言滑雪很難，當所有程度比我低的同學很快的晉級到下一階級，我重複四次 A 級，每次我去滑雪都要從出發點開始。但是我仍然下定決心去滑雪，即使花再多時間我也無法成為奧運選手，但我仍然去學習。在班級中也會有學生在某項或某些領域需要更多的支持，以下是幫助你提供那些需要額外支持學生的方法：

- 給予充分的練習時間。
- 舉行師生會議。
- 將作業分成較小且能管理的部分。
- 利用同儕教師。
- 強調重點及關鍵字。
- 分派較少的作業且給予較多時間完成。
- 用錄音帶記錄故事，或利用其他媒體工具。
- 給予立即回饋和許多鼓勵。
- 利用大型工作單。
- 指示要簡單，並寫出來以及用口頭告知。
- 提供許多成功的機會。
- 提供適應兒童興趣的初級閱讀程度、高級閱讀程度教材。
- 盡可能利用視覺及操作教材。

● 使用合作學習策略。

● 了解不同學習類型的學生，且以多元方式來開發其智力。

● 留意疲憊及厭倦的狀況。

▓▓ 高成就學生 ▓▓

當然在班上也有可能學生在某方面或多方面領域是較優秀的，尤其是如果你贊同多元智能的理論。針對這些學生而言，上述同樣的作法是不被接受的，你也可以考慮下列方式：

● 鼓勵閱讀圖書館的書籍，或者完全採用個別化閱讀或數學課程個別化。

● 鼓勵個別研究、建構或科學計畫，以獲得殊榮。

● 提供與其他班級一起上特別單元的課程機會。

● 介紹新穎且富挑戰性的教具、遊戲、猜謎、腦筋急轉彎。

● 與其他學生開個別化會議引導他進步。

● 鼓勵創造回應故事（例如：寫出作者、創造故事腳本、設計布偶秀）。

第二語言學習者

會兩種語言，就有雙重價值。

你會漸漸發現，愈來愈多在班級中學生的母語並非英語，他們就是今日所謂的第二語言學習者。有學習外語經驗且了解學生文化背景的老師，是維持英語學習者高度學習表現的必備條件（Diaz-Rico & Weed, 2001）。

當某些學生可能上過雙語教師教的雙語班，大部分在普通的班級，

結構英語（sheltered English）也被稱為英語特殊設計課程教學（speci-
ally designed academic instruction in English, SDAIE），是使用特殊技術
呈現適合各年級水準的英文內容（Peregoy & Boyle, 2001）。在 SDAIE
課程中，英文為教學語言，普通教師經常未接受教導第二語言學習者的
有效訓練，必須有心理準備在普通班級去教導他們。Johns 和 Espinoza
（1992）指出，教師應提升第二語言學習者的語言發展，因為教師經常
有語言學習過程直覺的知識，一旦結合學生能夠學習的信念，這是個好
的開始。Johns 和 Espinoza（1992）、Peregoy 和 Boyle（2001）、Diaz-
Rico 和 Weed（2001）建議在自然且意義中心取向中，以下教學方法可
促進英語發展：

- 安排實地經驗，像是野外旅行。
- 利用模擬真實生活經驗或角色扮演。
- 預習和複習圖表教材（圖表地圖、網路）。
- 提供大量口語練習經驗。
- 鼓勵不間斷、安靜持續的閱讀。
- 需要學生日誌及學習紀錄。
- 利用科技及視聽教材，例如：錄影帶及相片。
- 推廣合作學習及合作計畫。
- 建立融合課程領域的單元主題。
- 結合地圖、圖表、道具、具體教材。
- 以手勢及表情改編劇本。
- 示範清晰且易懂的語言。
- 鼓勵學童維持他們的母語。
- 強調重要單字。
- 讓句子簡潔。
- 利用熟悉單字。

- 避免表達俚語或慣用語。
- 提供活動傳授學習經驗。
- 使用各種同儕教學。
- 使用相互教學（reciprocal teaching）。
- 使用互動式閱讀及寫作策略。

教師筆記欄 *A Note from the Teacher*

　　我成了單槍皇后，教學時我常使用單槍投影機來呈現教學內容，學生可以正確看到上課內容，此有助於視覺學習者且支持英文學習者。每一學科從筆記開始，以單槍來組織投影片內容，以利每年使用。

——K. Ungerer

　　有許多與英語學習者協作的有效方法，Schall（1995）側寫了四位與英語學習者協作的教師，提出一些其他非常有創意的理念，例如：

- 提供英文學習者及母語為英語的兒童，使兩個外國語言小組建立同理心。
- 製作一本個人歷史和文化的書籍。
- 徵募以英語為母語的自願者或同儕輔導者。
- 教室內的各種物體皆標示所有語言。
- 讓英語學習者以圖畫方式寫日記。

　　這些策略大部分包括卓越的教學實務：親自動手做、以學生為中心環境的學習活動。多閱讀有關這方面的詳細資料，參考書目已羅列於本章的最後。

特別給中學和高中教師的建議

Emmer、Evertson 和 Worsham（2002）針對中學教師提出一些有用的建議，也可應用於小學教師，包括：熟悉地區、學校及學年的評分方式，這些已有一套規範。接著，確認你的評量理念如何與之配合，考慮獎賞的比重：整潔度、組織能力、技巧、參與表現、考試成績、家庭作業等。對於遲交作業你如何處理？教學大綱中有標示繳交日期嗎？大項目將會分成小作業嗎？反問自己上述及以下這些問題，在每一季最後的教學大綱定稿時，我都會這麼做。

- 每一個評量比重為何？你要用分數、平均或百分比？
- 是否清楚明確規定繳交日？
- 每項作業是否給予評分項目？
- 作業是否多樣化，使所有學習者都能完成？
- 作業如何且多快給予學生回饋？
- 份量多的作業是否有延長繳交日期？

最重要的是使評分系統清楚且明確，這點值得一再強調！甚至連非常有經驗的大學教授，都會因為沒有足夠的清楚詳細說明而陷入評分的苦惱。當學生挑戰分數的時候，就能夠成為傑出的偵探。

最後的叮嚀

你需要去找出捷徑，使你在第一年教學生涯中獲得一些樂趣，而非了無生趣。最重要的是課程要適合學生實際需求、興趣及能力，且保持正確的佐證資料，不能過度強調。在你的第一年期間允許自己使用捷

徑，盡可能讓教學中費時且令人不安的面向轉變為專業且愉悅。

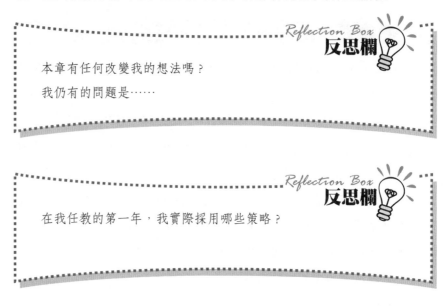

Reflection Box
反思欄

本章有任何改變我的想法嗎？

我仍有的問題是……

Reflection Box
反思欄

在我任教的第一年，我實際採用哪些策略？

延伸閱讀

Banks, J., & Banks, C. (2002). *Introduction to Multicultural Education* (3rd ed.). Boston: Allyn & Bacon.

Brandt, R. (Ed.). (1992). Using performance assessment (theme issue). *Educational Leadership*, *49*(8).

Davidman, L., & Davidman, P. T. (2001). *Teaching with a multicultural perspective: A practical guide* (3rd ed.). Boston: Allyn & Bacon.

Lessow-Hurley, J. (2000). *The foundations of dual language instruction.* (3rd ed.). Boston: Allyn & Bacon.

Lustig, K. (1996). *Portfolio assessment: A handbook for middle level teachers.* Westerville, OH: National Middle School Association.

Rasool, J. A. & Curtis, A. C. (2000). *Multicultural education in middle and secondary classrooms: Meeting the challenge of diversity and change.* Belmont, CA: Wadsworth Publishing.

Schurr, S. (1999). *Authentic assessment: Using product, performance, and portfolio measures from A–Z.* Westerville, OH: National Middle School Association.

Stiggens, R. (2000). *Student involved classroom assessment* (3rd ed.). Englewood Cliffs, NJ: Prentice Hall.

參考文獻

Andrade, H. G. (2000). Using rubrics to promote thinking and learning. *Educational Leadership*, February 2000, 13–18.

Ardovino, J., Hollingsworth, J., & Ybarra, S. (2000) *Multiple measures: Accurate ways to assess student achievement*. Thousand Oaks, CA: Corwin Press.

Artesani, M. (1994). Video portfolio assessment. *Teaching PreK–8, 24*(7), 18.

Barnes, S. (1985). A study of classroom pupil evaluation: The missing link in teacher education. *Journal of Teacher Education, 36*(4), 46–49.

California Department of Education (2001). *Taking center stage*. Sacramento, CA: California Department of Education Press.

Clark, L. (2000). *Get ready for testing: Sensible ways to help your students prepare*. Retrieved April 20, 2002, from http://www.microsoft.com/Education??ID+GetReadyTesting

Coelho, E. (1994). *Learning together in a multicultural classroom*. Markham, Ontario: Pippin Publishing.

Diaz-Rico, L., & Weed, K. (2001). *The crosscultural, language and academic development handbook*. Boston: Allyn & Bacon.

Emmer, E. T., Evertson, C. M., & Worsham, M. E. (2002). *Classroom management for secondary teachers* (6th ed.). Boston: Allyn & Bacon.

Johns, K., & Espinoza, C. (1992). *Mainstreaming language minority children in reading and writing*. Bloomington, IN: Phi Delta Kappa Educational Foundation.

Linn, R. L. (2001). Assessments and accountability. *Practical Assessment, Research & Evaluation, 7*(11). Retrieved April 20, 2002, from http://ericas.net/pare/getvn.asp?v+7 & n=11

Nieto, S. (2000). *Affirming diversity: The sociopolitical context of multicultural education* (3rd ed.). Boston: Allyn & Bacon.

Parker, C. (1996). Stop and go writing. *Teaching PreK–8, 27*(1), 74.

Peregoy, S., & Boyle, O. (2001). *Reading, writing, & learning in ESL: A resource book for PreK–8 teachers* (3rd ed.). White Plains, NY: Longman.

Schall, J. (1995). Unbeatable ways to reach your LEP students. *Teaching PreK–8, 27*(1), 54–59.

Skillings, M. J., & Ferrell, R. (2000). Student generated rubrics: Bringing students into the assessment process. *The Reading Teacher, 53*(6), 452–455.

Tienken, C., & Wilson, M. (2001). Using state standards and tests to improve instruction. *Practical Assessment, Research & Evaluation, 7*(13). Retrieved April 21, 2002, from http://ericae.net/pare/getvn.asp?v=7&n=13

Vavrus, L. (1990). Put portfolios to the test. *Instructor, 100*(1), 48–53.

Vermette, P. (1998). *Making cooperative learning work*. Upper Saddle River, NJ: Prentice Hall.

Viechnicki, K., Barbour, N., Shaklee, B., Rohrer, J., & Ambrose, R. (1993). The impact of portfolio assessment on teacher classroom activities. *Journal of Teacher Education, 44*(5), 371–377.

chapter 7

與家長合作

我認為……

> 親師夥伴關係……
>
> 親師溝通機會……
>
> 主持教學參觀日……
>
> 家長支持學校……
>
> 家庭中的家長支持……

若說維持紀律是初任教師感到最焦慮的事，那麼與家長建立和維持有效的關係可說緊追在後名列教師第二件擔憂的事，對於這樣的情況我並不感到意外。

當我詢問班上是否有人自願角色扮演一位教師，面對怒氣沖沖來到教室的家長，質問為什麼有人說他的兒子以後想做什麼都可以，甚至立志成為一位芭蕾舞者，我從未看過這麼少人舉起手的。在情境劇演出之前，所有的實習教師都貢獻了他們的建議給這位「教師」。當全部的人都發表過意見，令人大感驚奇的是，結果這位「教師」冷靜且有效率的處理了這個事件。對此我並不訝異，畢竟與學生的家長相處，或是說當我們與其他人相處，不論他們是憤怒、溫順或任何情況，我們都一樣需要試著練習較佳的溝通技巧或常識。在本章中將以家長們或家長來指稱

151

所有主要照顧者，不論他們是親生父母、領養或收養、繼親、親戚、監護人，甚至觀護人。

A Note from the Teacher
教師筆記欄

> 這是我教學生涯的第四年，我第一年在一所大學實驗學校。家長是大學教授，學生是一個無閱讀能力的六年級男生，然而，他的父親是我在博士課程的老師。「到了六年級仍然不能夠閱讀。」我很不安的告訴這位家長，對於之前六年的一切我已經準備好接受所有責備。畢竟，這位父親是我下學期的教授！他說：「不用擔心，我們不想要太逼他。他可以自由選擇是否學習閱讀。」他做到了，且現在是兩位好學者的父親。
>
> ——E. Kronowitz

　　儘管一個人進入教學專業的主要理由是渴望與兒童工作，在教育過程中家長扮演了一個主要角色。他們將寶貴的子女託付給你，對你與兒童而言，最好的情況是家長在你身旁，和你一起合作而非相互誤解。讓他們產生信心且敬重你的最簡單方法是以言語和行動讓他們知道你會好好對待他們的孩子，每位孩子都能獲得你視如己出的相同照顧和尊敬。這個態度將會使家長有最佳的付出。家長參與合作，可以在最艱難的時候，提供給你關鍵性的支持且可能提供兒童最佳的受益。

　　Epstein（1995）對於家長參與提出六種架構，將家長角色假定為：親職養育、溝通、志工、家中的學習、做決定及社區合作。除了親職養育和社區角色由於超出了本書的主題範圍，其餘都會在本章中提及。

與家長溝通交流

　　能有多數家長在身旁鼓勵，是值得你花時間培養他們的支持的。當告訴家長你的目標、計畫和過程，家長會提供你寶貴的校外支持後盾。此外，他們有權知道孩子的進步情形——包括優點和弱點。家長的洞察力和經驗將特別能夠提醒你或幫助你滿足學生需求的額外訊息。家長和教師通常和兒童相處同樣長的時間，如果右手在家，會想知道左手在學校做什麼，反之亦然，兩個人是多麼竭盡所能想要了解且為孩子盡力而為。家長和教師彼此提供訊息及教導特殊的孩子，且及早開啟積極溝通的管道，整個學年定期溝通是成功的關鍵。每次與家長的溝通，無論是口頭或書信，可能都需要解釋或翻譯給非以英語為母語的家長。

　　許多老師在開學前開始他們的超越計畫，有一個方法是在開學前一週打電話給每位家長，內容包括自我介紹、對於未來一學年能夠與孩子合作表達真誠感謝、邀請參加教學參觀日、提供家長諮詢。簡短的表示：「我在乎，為了你的孩子我希望能與你一起合作，讓我們一起努力吧！」很少有家長能抗拒此種真誠的歡迎方式。如果你不喜歡打電話，可使用另一種方式達到相同的目的，你可以在學年之前寫一封通知書，需確定書信的語言適合多數家長，且適時寄給非以英語為母語的家長。

　　親愛的家長或監護人：

　　　　我的名字是＿＿＿＿＿，在這學期我將擔任您孩子的導師，希望透過這封信讓您了解我期望能夠與您合作，讓您的孩子在這一學年能夠發展他們新的才能、技巧與能力。我熱愛教學且願意盡我所能做任何事情讓您孩子這一年的學習非常成功且快樂。

　　　　我們的教學參觀日預定於十月第一週舉行，如有任何問題，

歡迎打電話到學校（學校電話號碼），我會盡快回覆，並期待能夠親自見到你本人。

洛克菲爾中學 Devon Paytas　敬上

然而，開學前的超越計畫看起來似乎是一項浩大工程，衡量利益與代價——時間與努力。有位小學老師第一週與每位家長面談，面談能夠蒐集孩子第一手資料，例如：優點、能力、健康情況、發展里程碑，及其他因素。最重要的是面談表達老師關心孩子與尊重家長。

你或許也想在學期之前就與學生溝通，寄出他們有史以來第一封收到的信，創造出他們對學期開學日的期望及興奮感，並表達一個特殊的訊息給家長：你將給予他們的孩子足夠的關懷。你可以郵寄一封介紹信，且要求每位孩子填寫附件的興趣調查表或畫張圖，接著在開學日帶到學校。

▓▓▓ 開學日的溝通 ▓▓▓

與家長的溝通應該盡可能安排在開學日，來參與的家長可能會有些問題，你的欣然答應協助，會讓家長普遍對你及學校有好感。開學日的通知單內容端視學校提供多少資訊，有些學校會給家長手冊，也會於開學日寄發學校電子報，檢視學校所需表達的資訊並據以調整書信內容。你的信件可提前準備且每年更新資料，以下是你可能在開學日信件中會需要提到的內容：

- 自我介紹
- 表達共同合作意願
- 提早邀請參加教學參觀日
- 方便打電話到校找你的時間（並附上電話號碼）
- 日常上課的教具需求

● 午餐及點心程序

● 班規

● 家庭作業的方針

在信件底下有一欄可撕下的「回條欄」是一個不錯的方式，由家長簽名後交回給教師，表示所有資訊都已傳達給家長，在本章其他部分有些通知單範例，如請家長協助提供教具或班級資源的詳細說明。在每學期開學，自己判斷要寄給家長哪些不同的通知單，然而，傳遞資訊時需確定資訊已翻譯給非以英語為母語的家長。可以選擇依據下列內容來組織班級手冊資訊：

自我介紹

手冊導覽

親師合作的好處

班規

家庭作業方針

需求之教具

募捐午餐及牛奶／點心的經費

班級可用之廢棄教材

教學參觀日／成績單／會議行程

教師的聯絡方式

預覽兒童將習得之學科標準及技能

你可以於暑假撰寫，每年更新資料，藉由提供基本需求資訊使你與家長有個好的開始。讓你的信件／通知單／手冊簡潔且有重點，避免使用專業術語，傳達的內容愈清楚，在教學參觀日或個別家長會議就愈少受到批評。在最初花較多時間，之後就較節省時間。使用電腦製作電子報，邀請家長參加實地考察旅行、節慶或比賽，提供藝術課程所需的教

材，如有需要則翻譯給不同語言的家長。

■ 教學參觀日 ■

當前幾週匆匆流逝，你會開始發現你自己在最初的信件中忘記提及的十件事，還有你希望家長協助收集的二十項美術勞作材料，這些經常是透過教學參觀日或返校座談來達成。一般而言，在校長與家長會長致歡迎詞後，家長分散於各班教室，偶爾會由他們的孩子陪同，這可能是你第一次與多數的家長相見並且獲得合作機會。

教師們認為當家長在校內繞一繞參觀之後，安排一段時間將他們集合一起進行簡短的節目是極為重要的。教學參觀日應該不是退化成個別的親師會議，他們應該要有機會在教室內參觀，看看孩子的資料夾，甚至坐坐看孩子上課的椅子。如果你只專心與某位家長交談，那麼其他家長會感到無趣並離開。當家長抵達教室時，需確認你的教學參觀日邀請函是清楚明瞭的，在致歡迎詞之後，可依照下列的程序進行：

8：00～8：20 p.m.　　簽到

參觀教室

參觀教科書、教材、孩子的卷宗

使用電腦等設備

8：20～8：30 p.m.　　行程開始

8：30～8：45 p.m.　　發問與回答

在中學與高中的教學參觀日，家長通常依據他們孩子班上的行程，所以如果你要安排節目，要盡可能簡短，因為家長可能需要到另外一間較遠的教室。當你的行程開始，你可以根據下列主題說明之：

● 紀律

● 家庭作業方針

- 學年課程重點
- 成績、評分、會議
- 讓家長明白有問題可以隨時來找你

一些有創意的方式包括：
- 典型教學日從開始到結束的投影片欣賞
- 藉由孩子表演滑稽短劇顯示他們如何完成一些事
- 示範教學
- 簡單的說明
- 分發以上提到的資料

　　至於此時的講義，你可能會在開學前先準備且在開學日與家長溝通，理所當然的，如果時間允許，以口述方式呈現，且有簡單的綱要，以利家長閱讀。須確認所有資訊已傳達給所有家長，因為在某些學校參加教學參觀日的人可能不到半數。以下是在首次教學參觀日中的一些建議。

點心　在桌上擺放一些餅乾、起士及水果，食物能夠創造溫暖的社交氣氛，在某些文化中，在社交場合帶食物是傳統的一部分，有些家長不論多寡只要能貢獻一些，他們出席的意願就會較高。你可擴大邀請，例如：攜帶切片水果做成水果沙拉。

學生作業　在教室周圍擺放一些學生作業範本且有每位學生的卷宗（參考第六章所述），及在桌上附上學生姓名。

姓名標籤　提供姓名標籤給家長，才能夠知道每位家長的孩子是誰，如此一來才不會弄錯，記得要留空白處填寫家長及孩子姓名（圖 7.1）。

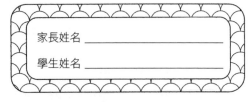

家長姓名 _____

學生姓名 _____

圖 7.1　教學參觀日姓名標籤

157

日程表 將學生每天在學校做的事情寫在黑板上，如此一來家長便能夠了解學生每天在學校做的事情。

教科書與教材 展示教科書教材，年幼孩子喜歡展現他們的書本給家長看，且顯示較特殊的自然科學教具、數學實驗室、電腦程式或錄影帶。

問題卡 當家長在門口簽到時，你可以提供索引卡並鼓勵家長不具名的寫上問題然後投入指定的箱子，如此一來能夠避免家長想問但又難以啟齒的問題。在行程開始之前蒐集好這些問題卡，回答一些較常問的問題，並聲明其他問題將在電子報中一一回答。

學生導覽 你可以請學生做教室導覽，將教學參觀日作為學生的一次學習經驗，由學生指出班級的特色。有位教師每天都安排一位「今日導覽」，負責導覽及接待參觀者。

利用工作單 7.1「與家長溝通表」，確認你是否表達所有「開學初」的資訊給家長及安排你的時間計畫。

■ 持續溝通 ■

雖然有許多資訊需要傳達給家長，你可能藉由開學前的簡要致電及教學參觀日的幻燈片展示，一下子就可將所有事情用一本手冊來處理，但如此就夠了嗎！事實上並非如此，因為這些策略僅處理一般性的班級事務，與家長溝通個別孩子的進步情形是家長與老師之間另一層面的溝通，家長除了必須了解一般情況外，學生的特殊情況甚至更重要，以下管道提供與家長較特殊的互動。

打電話 這是最快速且最容易告訴家長有關孩子的學習困難、社交或情感，也是提議開會的快速有效方式。最後，別忘了讓家長知道自從上次

親師會議後，孩子已得到特別的關照或是在穩定進步中。每天放學後撥兩通電話，三週下來就可以與全班家長都聯繫過，但須確認家長皆喜歡此溝通方式。你需要一位能說不同語言或家長母語的翻譯員，在電話中向非以英語為母語的家長解釋這些訊息。

通知單　通知單亦能夠與電話達到相同目的，雖然等待回覆的時間需要較久，且要附上「回條」以確認家長有收到此通知單。如果你想要確定此份通知單能到達家長手上，就以郵寄的方式寄給他們。要注意通知單中的內容，以避免家長對於任何「負面消息」的過度反應，強調孩子原本有能力去做一些事，但卻因為某些理由無法展現他（她）的潛力。強調因為你知道能夠改善問題，你自願一起計劃與家長解決問題，不必將所有細節寫入通知單以避免表達一些負面情緒。冷靜是為上策。太匆促的撰寫通知單可能會造成你的困擾，且可能帶給家長對於字面上與圖畫內容的激烈反應。

　　道賀的通知單在學生拿回家裡前先與學生分享，這類的信函不需要使用郵寄，學生一旦收到此類獎狀，大部分會迫不及待快速帶回家。

獎狀　可事先製作各式各樣學業與優良行為的獎狀（圖 7.2），如果需要可翻譯成學生的母語，且簡要填寫受獎原因，家長收到時會像孩子一樣高興。將獎狀設計成可愛的樣子，特別是時下流行的圖樣。

▓▓ 網路溝通 ▓▓

　　科技提供親師間透過電子郵件、群組（listserves）、學校或班級網站進行接觸的另一種選擇。很多老師已經利用這些簡單快速方法，來避免一點也不好玩的「電話式尋人」遊戲。某些老師也會利用網路聊天室公布及討論班級作業。

獎狀

受獎者

_____

卓越成就

_____

老師 Mr. Robert Chen， ____年____班　××學校，日期_____

圖 7.2　**獎狀**

▓ 非正式見面 ▓

　　當家長抵達學校接送學生、參加親師團體聚會或觀看表演與比賽時，教師也可以簡要地向家長報告學生最近進步情況。這些見面很短暫，但你可以在簡短的時間內，以幾個簡單的鼓勵話語或正向的說明學生進步情況。這亦是一個向家長提出下次見面的需求時機，雖然家長可能好奇一次不期而遇的會晤，竟然帶來邀請的商議，而不是正式的電話訪問或通知單。切記，家長不喜歡在買水果時或在等電影排隊時聽到壞消息，如果在校外場合遇見家長，可以對這位特別的家長表達關心，留下記憶以利下次接觸。如果你不能說出這個學生任何令人愉快的事件（通常，當時孩子就站在家長身旁），下次再表達你的關心，且偶然見面時僅簡單問候：「你好！」並走向停車場，且做筆記提醒自己下次有機會要打個電話給某某先生、女士。

▉ 移動式成績卡 ▉

移動式成績卡（walking report cards）概念是源於美國猶他州Sunset View 學校（Cammack & Ives, 1997）。學校邀請家長來學校跟著學生一天，家長坐在學生身旁，近距離觀察學生所為。當作者解釋學校所有家長皆參與時，在大多數的班級中你必須限制移動式成績卡作為個別使用，為了讓家長們能向公司請假，必須事先安排時間。

A Note from the Teacher
教師筆記欄

> 當你十分鐘後需要參加一個重要的親師會議，而咖啡、食物等汙垢沾到你的衣服時，建議你可以在教室或你的車上放多餘毛衣或襯衫以備不時之需。
>
> ──S. Burkett

▉ 親師會議 ▉

大多數學校配合發給成績單的時機，每學期都會有親師會議，但是仍然需要額外與家長會面的時間，以達到與家長交換個別學生資訊及規畫處理問題的合作策略。

開會前 以下有些你在準備會議時的建議：

- 與中學或高中指導教師協調親師會議時間，小學及中學則與學生兄弟姊妹的導師協調。
- 確認時間、日期及會議地點。
- 如果需要，安排翻譯員。
- 準備學生卷宗、你的教師手冊和軼事紀錄。
- 列出一個重點清單，包含優點及學業、社交、行為的改善需求。

有老師建議應事先想出描繪學生特徵的三個形容詞,這些形容應該是真實且值得期待的正向特質,當家長聽到時不感到意外,因為你所說的與他在家中所觀察孩子的行為相同。三到四個主要重點就足夠一個會議討論,不必太多,否則你可能會讓家長感到壓迫感。

- 事先讓家長了解此會議的目的。
- 讓家長列舉問題清單及關心的議題。
- 建立等待區給早到的家長,以維護會議進行的隱密性。
- 穿著適當的套裝。
- 準備面對面的舒適座位,確定椅子都是大人的尺寸,甚至你需要準備更大的教室或教師的休息室以備不時之需。身材較高大的家長如果坐在不適合的椅子上可能造成溝通上的困擾。
- 圍著桌子並肩而坐,且可閱讀所有文件,是較好的座位安排。

如果可以的話,在門口恭候家長,準備一個放置外套和雨傘的地方,就像在自己家裡的主人一樣,感謝家長參與此次會議並引導入座,在寒暄過後,先減緩焦慮再開始正式談話。找一些關於學生的良好表現和正向紀錄作為開端。

會議中 為了在問題解決的方案上取得共識,會議當中你的任務是蒐集資料、提供資訊及分析綜合資料,共有以下六個基本步驟:

1. 提供資料。
2. 尋找資訊。
3. 互動傾聽。
4. 綜合家長和你的意見。
5. 策劃行動計畫。
6. 安排接下來的電話訪視或會議。

你所提供的資料包括：客觀資料（考試成績、在班上學業表現）及觀察資料（在班上的行為、與其他同學互動、成就、合作等等）。家長所提供的學生資料則包括：

- 才能與能力。
- 整體健康、恐懼及家長關心的領域。
- 興趣、嗜好及參與的運動。
- 就學態度。
- 家中同輩關係。
- 家庭責任。
- 作業功課的習慣。
- 在家中對規定及管理的反應情形。

你可以藉由這些資訊引發出一些有意義的問題，須兼顧家長表達的內容與情感，要誠實且機智，避免使用專業術語。Charles 和 Senter（2002）警告此時並非表現教師使用詞彙艱深之術語，在句子當中參雜專業教育名詞（例如：GATE、SDAIE、IEP）來自我炫耀的時候。

關於「好」孩子的措詞　在學校各方面表現較佳的孩子家長，希望能聽見正面的評論，應該分配相同時間給具挑戰性學生的家長。幫助「太完美學生」的家長找到放鬆方法，且鼓勵自我表達。相同的，極度被動或退縮的學生，和出軌行為一樣不適當，也應該受到你和家長的關心。

會議結束　一個好的結束時間應該是達成會議的目的，而非會議的指定時間到了。以下是做結論時應注意的事項：

- 總結主要重點。
- 澄清任何將進行之活動。
- 決定接下來會議日期或通知單。

● 目送家長至門口。

● 表達真誠感謝家長參與。

● 在家長離開後盡快記下會議紀錄。

● 在你開始與下一組家長見面時,先喘口氣。

　　休息時在心中計畫會議,會後,你可能想要寄一些會議紀錄給每位家長,再次感謝他們的出席,且在封面列出重點清單,可用電腦製作。

■ 值得考慮的問題 ■

學生是否應參加親師會議?　就消極面而言,若是讓學生在場,當提供一些對於學生表現不佳的訊息時,家長的過度反應可能讓學生感到害羞。有些過度熱心或想要表現認真看待此事的家長,有時候會當場懲罰學生或威脅他們。

　　就積極面而言,如果你和家長的溝通是頻繁且持續的,學生會因為他們的成就而在家長面前感到驕傲。利用你最佳判斷能力及遵循學校的規範做最佳處理。如果在會議進行中你認為需要一些私人溝通,安排一個讓學生活動的角落或鼓勵學生在那邊活動,如果由於保母的問題而學生必須參加會議,或你沒有計畫他們會參加此活動,那麼可以安排一間教室給學生。不論學生是否參與會議,在家總是可能受到獎懲,要小心提出對學生不佳的表現。與家長合作建立具建設性的解決方法,並且確定會議是以樂觀作結。

　　Pierce-Picciotto(1996)提出幾種學生參加會議的步驟,她提倡由學生「主導」會議。家長事前接獲通知,且Pierce-picciotto聲稱出席者在參加會議後有很大進步。由學生計畫要呈現什麼給六到八個家庭的家長,再引導他們的父母參觀各種中心所展示的課程活動,逐一討論他們的進步情形和成就。

教師可以在會議進行中做筆記嗎？ 做筆記會令人分心且威脅到家長，如果家長覺得他們的想法會被記錄下來，他們可能會變得較沉默。事實上，只要做好聆聽的動作就好了，全心全意專心聽家長所言，你可以記住重點並在會後休息時間快速記下，而你會忘記的內容或許是可以被遺忘的。

如何讓來自不同背景或母語的家長感到自在？ 盡可能提早了解學生背景及在家中所使用的母語，確定會議中有安排翻譯，且透過翻譯告知家長訊息（如果有必要的話），而這位翻譯要能夠在會議中幫助你和家長。邀請家長帶一位翻譯陪同，可以是親戚、朋友，但是最好是孩子或其年長的哥哥姊姊，如果學校或地區亦無法提供翻譯，或你偏好找認識的翻譯員，則確保此翻譯員能夠滿足家長需求，且試著和這些兄姊的教師協調好會議時間，那麼家長才能夠不必多跑幾趟。中學教師需要團隊成員的合作。

整個學年期間鼓勵全體學生和家長分享特殊習俗、節日、音樂、手工藝，還有他們的傳統美食，或是利用世界地圖標出家鄉地理位置，每個人都可以藉由此種方式獲得世界觀。可以透過詢問一些專家教師，提醒你面臨這些來自不同文化背景的家長應注意的事項，試著去加強你對不同文化的知識，特別是語言的部分。與他們見面時使用其母語向他們問候，以建立連結且顯示你對他們的重視。

會議當中，仔細聆聽以顯示你對他們的尊重，且將焦點集中在孩子的能力與特質，注意家長的肢體語言作為參考的依據。如果你犯了錯，只要誠心的道歉，記得家長們也有文化差異。接著利用工作單 7.2「親師會議」去準備迎接即將到來的親師會議吧！

家長參與學校

關於家長參與學校的研究，Farkas、Johnson、Duffet、Aulicino 和 McHugh（1998）進行了一項調查。與現今致力於父母參與管理決策大相逕庭的是，只有少數家長想要擁有擔任情境本位管理和決定課程的角色（4%），另一方面有 38% 的家長認為他們更重要的角色是監督孩子的家庭作業和擔任孩子學習的激勵角色。教師亦認同此觀點，他們希望家長能夠建立良好工作倫理及維持正確行為標準。

家長是天生的老師，是孩子五歲前的學習基礎，許多家長儘管毫無系統但卻能成功地教導孩子基本動作、語言、社交和學科技能。這些在幼稚園前的準備期是教師日後教導的基礎，在家長參與的五年學前教育之後，小學開學日孩子會渴望學習且為下一階段作準備，開學典禮不只是為了學生也是為了家長，當學生開始接受正式教育，家長愈來愈少甚至停止他們對孩子的非正式教育，而將此任務交由較有經驗與能力者。家長自己走入幕後且擔任家庭作業監督者的角色。然而，如果我們拒絕學校獨自教育孩子的看法，我們接受的前提是在國小與國中甚至高中階段，家長心甘情願參與的技巧與能力。Bermudez（2000）將中學生學業表現的某些退步情形歸因於研究顯示當子女到了此年齡，家長較少參與學校事務使然。

■■ 家長是資源提供者 ■■

只要你提出邀請，家長可以成為班上資源提供者，分享他們的知識、技能、生活經驗、手工藝品、幻燈片、適當的影片、電腦程式等。當家長到班上做示範或介紹關於他們的職業時，孩子亦會以父母為榮。以下是一封寄給家長的範例信件，很自然地，如果班級間皆如此進行，

你也會跟著做。

　　親愛的家長：

　　　　為了幫助我提供學生更豐富且有趣的課程，我將編輯一本願意分享專長或資源的家長手冊，請您撥冗填寫以下問卷。

　　　　請填寫以下您所能夠提供或願意出借給班上使用的資源，並由您的孩子繳回此份問卷，非常謝謝您的協助。

　　　　誠摯祝福您

　　　　　　　　　　　　　　　　　　　　橡樹街學校
　　　　　　　　　　　　　　　Rosa Chavez 老師　敬上

　　問卷已包含在附錄中的工作單 7.3A「家長是資源提供者」及學習單 7.3B（為英語版）。

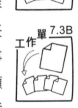

班級家長代表　也可鼓勵家長用另外一種方式參與班級事務，有兩個非常特別的角色為：班級家長和班級志工。班級家長（class parents）擔任家長與老師之間聯繫的代表，安排一些慶祝活動、校外教學的共乘事宜、為一些特別旅行進行組織募款，他們通常是有空能夠參與旅行且願意在下班後聯絡他人的人。你可以在教學參觀日充分說明此職位需負責的事項後，徵求有意願的家長。

家長志工團　亦可以邀請家長擔任班級志工，應該在某些日子安排這些志工，避免有過多成人在教室中。星期一到星期五，早上和下午，你可以將團體平均分散開在一週當中，在教學參觀日中取得家長簽名同意，在每週之間安排志工，確定在同一時間不會有超過兩位志工在教室中。提供給每位家長指導夾、座位表、班規、基本行事曆以及其他任何的相關資訊。每月以信件方式感謝志工的協助或頒發證書，甚至在教室舉行由你招待的午餐餐會。以下是一些關於志工的職責：

- 改考卷。

- 文件歸檔。

- 準備美術材料。

- 建置布告欄。

- 在家長能力範圍下，個別協助學生。

- 督導中心活動。

- 增強孩子個別閱讀力。

- 準備點心。

- 將孩子口述的故事編輯成書。

試著找時間做志工訓練，如果沒辦法的話，在家長指導夾中詳加說明對自己的孩子保持中立且盡可能低調不破壞班級結構、日常作息及紀律系統。

在家裡，家長就是老師

傳統上，家長的職責之一是要監督學生家庭作業——亦即，學校作業要在家完成。在面對家庭作業「每晚兩難」的情況下，美國民間組織 Public Agenda 的作者 Farkas、Johnson、Duffet、Aulicino 與 McHugh（1998）研究顯示，有 57% 的教師希望家長監督家庭作業正確性或完成度，但是只有 16% 的教師認為家長負責盡職。50% 的家長顯示對家庭作業有嚴重爭論，多達 22% 的家長幫學生做作業！在家庭作業監督者這個角色有許多固有的問題，首先，家長可能不知道應該如何做此作業。第二，做了整天的家事或工作，家長可能不想再做其他事。我認識一位家長願意放棄睡眠和晨跑，在早上六點起床教導數學。第三，家長可能會嘮叨、脅迫或拒絕給予孩子特權，最終破壞親子關係。

這個兩難的情況是存在的，家長想要支持家庭作業政策，又有各式各樣的理由而無法完成工作，為了使他們更容易擔任老師的角色，以下我提供短期和長期的解決方法。

短期解決方法

試著出一些家庭作業是已加強預先學習的教材或簡單提供補充的練習，換句話說，學生可以單獨做作業不需要家長的介入。確定作業不會令學生感到冗長乏味。如果 15 題就可以符合要求的練習，為何要在一張學習單出 100 題呢？試著將家庭作業活動融入家庭活動，以免家長因為不了解教材而備感壓力。以下是一些範例：

- 寫下你今天吃的晚餐且以食物金字塔做圖示分類。
- 寫下你今天晚上看的電視節目。
- 從櫥櫃中取出湯罐頭，並將配方依照字母分類。
- 從家中電話簿中尋找三個離家最近的水管工名字。
- 找出家中 20 樣正方體的東西。
- 列出你的家人最喜歡的一種食譜，且寫出製成三人所需的份量。
- 寫出製作花生奶油和果醬三明治的步驟。
- 設計一份晚餐菜單且將預算控制在美金 15 元內。
- 看完一則電視、網路新聞或選一篇當地報紙新聞閱讀後，準備一個兩分鐘的報告。

長期解決方法

家長最終會成為家庭作業專業人員，在家中所做的加強學習和激發孩子自然學習天性，是在學校所無法達到的效果，這才是真正所需要完成的目的，而非成為家長的負擔。減輕學校負擔卻犧牲家長，這變成事

與願違。你可藉由說明如何透過自然的、每天在家進行的方式提升孩子的學習，以此來教育家長。

首先家長需要提供可能在家學習的情況，再根據情況實行。你可以透過編寫教材或與家長非正式聚會來示範應該如何實施。下面有一個活動是由家長帶孩子去超級市場，這將提供孩子實踐技能的機會：

- 估計總價格。
- 做乘法及除法運算。
- 閱讀標示、標籤和外盒。
- 比較價錢。
- 認識形狀、材質、顏色。
- 學習分辨不同水果和蔬菜。
- 學習找錢、算帳。
- 學習關於營養教育（尋找添加物）。
- 根據一般歸類法在籃子中分類。

如果家長有孩子技能所需基本概念，且由你給他們足夠訓練，教導他們如何在每天的情況中具體實施這些技能，那麼你們就能成為真正學習的夥伴了。

此外，你可以複製作業單 7.4A「在家幫助孩子」及 7.4B（英語版）給家長看，這些活動很容易且不需要任何教學經驗，不但具教育意義且可促進家長與孩子之間的正向互動。

最後的叮嚀

就如同每個人一樣，家長也需要被重視，當他們被邀請參與孩子的教育，他們會感到興奮。家長們需要的只是被鼓勵去做這些事，他們可

以各式各樣的方式參與，他們較易受到你的威脅而非你受到他們的驚嚇。對他們伸出友誼之手，將會改變你、家長和他們的孩子。

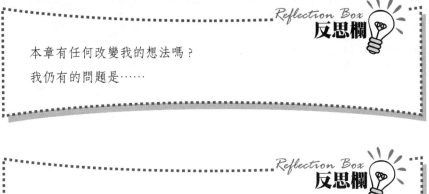

Reflection Box
反思欄

本章有任何改變我的想法嗎？

我仍有的問題是……

Reflection Box
反思欄

在我任教的第一年，我實際採用哪些策略？

延伸閱讀

Berger, E. H. (1999). *Parents as partners in education* (5th ed.). New York: Prentice-Hall.

Brandt, R. (Ed.). (1989). Strengthening partnerships with parents and community (special issue). *Educational Leadership, 47*(2).

Epstein, J. L. (Guest ed.). (1991). Parental involvement (special issue). *Phi Delta Kappan, 72*(5).

Epstein, J. L. (1997). *School, family, and community partnerships: Your handbook for action.* Thousand Oaks, CA: Corwin Press.

Epstein, J. L. (2001). *School, family, and community: Preparing educators and improving schools.* Boulder, CO: Westview Press.

Fuller, M. L., & Olsen, G. (Eds.) (1997). *Home-school relations: Working successfully with parents and families.* Boston: Allyn and Bacon.

Jones, L. T. (1991). *Strategies for involving parents in their children's education.* Bloomington, IN: Phi Delta Kappa (Educational Foundation).

National Middle School Association. *Research Summary #18 Parent involvement and student achievement at the middle school.* Retrieved May 18, 2002, from http://www.nmsa.org/research/resum18.htm

Ramsey, R. D. (2000). *501 ways to boost your child's success in school.* New York: McGraw-Hill.

Robinson, S. (1997). Parent conference tips. *Teaching PreK–8, 28*(1), 78.

參考文獻

Bermudez, A. (2000). Examining interventions for enhancing parent participation in the middle and upper grades. *Current Issues in Middle Level Reform, 7*(2), 37–58.

Cammack, C., & Ives, D. (1997). Walking report cards. *Teaching PreK–8, 28*(1), 68–71.

Charles, C. M., & Senter, G. W. (2002). *Elementary classroom management* (3rd ed.). White Plains, NY: Longman.

Epstein, J. L. (1995). School/family/community partnerships: Caring for the children we share. *Phi Delta Kappan.* (May), 701–712.

Farkas, S., Johnson, J., Duffet, A., Aulicino, C., & McHugh, J. (1998). *Playing their parts: Parents and teachers talk about parental involvement in public schools.* New York: Public Agenda.

Pierce-Picciotto, L. (1997). *Student-led parent conference: How to launch and manage conferences that get parents involved and improve student learning.* New York: Scholastic Trade.

chapter 8

與學校人員合作

Reflection Box
反思欄

我認為……

為了解學校與附近的社群，我會……

和校長一起工作時，我會……

和其他的老師一起工作時，我會……

和助教、工讀生一起工作時，我會……

為教師助理準備時，我會……

學校是社群中的小型社群，像這樣相互交疊的社群型態，將會是教師在任教第一年中面臨的第一個挑戰。身為一個社群裡的新面孔，你必須要融入當地環境、知道誰才是社群裡的領導人物及學會和社群相處。你必須充分的探索、了解社群，這樣才能在這個社群中感覺比較自在，而最重要的是，你必須和行政人員、同事、協助人員、教師助理、祕書及校工，建立起有效的、正面的專業關係。

你的學校

當你抵達學校時，你得找出洗手間在哪、警衛室在哪，懂得透過管道修好辦公室裡的百葉窗。這些都是任何教師初到一所學校時，會遇到的問題。

重要地點

　　大部分的學校都會有校區地圖，在開學前你需要帶一份地圖在身邊。如果沒有地圖的話，請拿出一張紙，開始個人的探索校園之旅。重要地點包括：

教師專用洗手間	會議室
學生專用洗手間	教具室
飲水機	辦公室
教師休息室／冰箱	公用電話
警衛室	校長室
師生餐廳	學校諮商室
資源教室	信箱
電腦教室	工作室（裁紙機、影印機）
體育館	校車站牌
圖書館	學生排隊處
保健室	學生急救處
影音設備室	停車場
書櫃	你的教室

　　如果校區是在都市裡的話，以上重要地點的停車區域需要再調查一下，是不是在拖吊範圍，或詢問從你家到學校最近的大眾運輸路線。

重要人物

　　有時在校園裡，你可能必須尋求一些專業的意見。首先你得有一份教職員工名冊。開會時，你可以在名冊上作註解，這樣你就能很快的記住名字和他們在校園裡所擔任的角色。將名字和臉孔特色用筆記的方式

連結起來，寫下每個人的特殊專長和才能。除了校長、行政人員、校工之外，你會需要知道其他領域的專家在什麼時候或哪一天能為你和學校服務。也許在你的單位可能沒辦法找到這些救星，但你通常可以向地方政府徵求這些人才。

學校護士或醫護助理　　　　　翻譯人員

社工　　　　　　　　　　　　圖書館助理

特殊教育資源教師　　　　　　科技資源人才

心理醫師或學校諮商員　　　　學校祕書

雙語資源教師　　　　　　　　校工

閱讀專家

教師筆記欄 *A Note from the Teacher*

> 在開學前的上班時間，拜訪其他老師且主動自我介紹，往後你將需要他們的支持，他們也會感謝你的支持。有一位專家教師給我的第一個建議是先認識祕書與校工，他們將提供你所需要的任何事情，因此請善待他們。
>
> ——B. Monroe

　　無論視聽中心或資源中心，都要認識各部門的重要人物。他們的工作就是協助你給兒童們更好的幫助。別害羞；只要表現友善，走進辦公室自我介紹。參加學校的董事會議，熟悉社群裡的領導人物，了解他們每個月會議關切的議題，你就能從中獲益良多。

▇▇ 怎麼做 ▇▇

　　現在你已經熟悉校園的地理位置，遇到將來有機會一起工作的人，也能立即稱呼對方。對於自己的新工作，也做好充足的準備。學校是個非常注重繁文縟節的地方，所以你必須盡快熟悉校內的各項規範及行政程序。有些地區會給新進教師關於校內各項注意事項的手冊，所以你要準備一本資料夾，開始蒐集相關的行政申請文件，將它們分門別類的放好，並用便利貼做好標記。列一張清單，將尚待回覆的事情寫在上面，並盡快處理。一些程序上的問題可能包含如下：

- 我如何藉由特殊測驗了解孩童？
- 如果兒童受虐，首先我該做什麼？
- 週末時要如何進入學校？
- 護貝機該怎麼運作？
- 如何使用多功能聚會廳？

●如何購置教學媒體與科技教具？

●校長會來拜訪我幾次？我能得到校長的賞識嗎？

●如何得到更多的辦公資源（教科書、教材、筆等）？

●如何請人盡快修繕教室？

●如果兒童生病了，該怎麼做？

　　問題總是接踵而來。對於這些程序上的問題，必須要有永久性的策略清單。準備一張工作單 8.1「程序與策略問題」，將這些問題及答案記錄下來。表中並留有空白處，好讓你記錄其他發生的事件。

探索學區

　　你可能住在（或不住在）學區裡。如果你住的是學校附近的社區，好消息是你將能更了解學生們的生活；壞消息是很有可能會在超級市場裡遇到他們。更有可能的狀況是，當你一身邋遢不想遇到任何人時，偏

偏就是遇到了！

　　為什麼要了解學區的環境呢？以下有三個好理由。第一，你需要盡量了解學生的生活，才能提供他們更貼切的需要。如果你了解學生們的生活狀況，你就比較知道如何在課堂上維持、補充和豐富他們的生活品質。第二，你必須積極舉辦社區休閒活動、社交活動和社區教育服務，這樣才能鼓勵學生和家長們的參與。最後，這附近的社區，將會成為你最佳的社會調查資源並能從當地設施中得到免費的教材。

　　如果你是住在學區之外，那麼來趟汽車之旅或徒步之旅是非常必要的。了解學區內住戶的經濟狀況、哪裡有休閒設施、社區操場、圖書館。找尋任何能在課後時間帶兒童們去玩的活動場地。例如：童子軍、少棒隊、足球、課後輔導計畫、鑰匙兒計畫和夏令營。找出社區診所和其他社區服務中心。在你的班級裡，可能會有無家可歸的兒童，所以你必須知道哪裡有供應免費的食物，例如：教堂、修道院和一些私人機構。有些父母也許會要求你幫忙做些社區服務。雖然有些學校有社工，但不是每間學校都有。

　　長期訂購或直接買當地報紙，可讓你更融入社區生活。你可以和學生及家長們分享最近的藝文活動、寵物秀及其他休閒育樂活動。藉由社區報紙，也可以了解到社區人們普遍的健康狀況如何。你可以找出在社區中誰是學校年資最長的職員、了解社區商店物價、向別人介紹自己是學校的老師、和學生們聊聊社區活動，並與學生及家長們分享。

與校長共處

　　小學時，你一定學過「校長」（principal）這個字怎麼寫，老師還會告訴你校長就是你的好夥伴（your pal）。也許你當時不相信，或許你現在還是不相信。無論如何，就算你和校長不可能立刻成為朋友，為

了成功的第一年，你也必須要和校長建立起一個開放、誠實、專業的關係。和校長建立起一個有產能的關係，你負有一半的責任；且有絕對的責任符合校長對你的期望。

■ 專業性 ■

在第一年的挑戰裡，你必須展現出你是個已準備好、積極、充滿熱誠的專家，你可以藉由外在服裝及言行舉止中展現出來這些特質。以微笑打敗抱怨及第一週上課會遇到的任何困難，例如：教室太擁擠、椅子不夠等。以這些是可以解決的樂觀心態來看待問題，勝過如悲劇降臨般哭著跑去找行政人員訴苦。當你提出任何要求調整或改變的事情時，記得提供一個教學上的理由。例如：當你要求搬走教室裡的鋼琴時，請說明是由於需要班會空間。

面對學校主管時，要有精確的準時率。這表示不管是學校會議、簡報或任何有自己名字在上面的名冊活動時，務必要準時。隨時保持自己教室井然有序的環境，教室能展現你的教學計畫，特別是當校長匆匆經

過時。所以請確定你的教室能反映豐富的教學計畫及提升兒童學習的激勵活動。

懲罰兒童到辦公室反省時，請謹慎斟酌。身為初任教師，你會想要知道自己是否稱職，儘管你不是常常這麼想到。通常，懲罰兒童到校長室報到，是表示老師本身沒有能力管理這個兒童。另一方面來說，當有這個必要時，請不要猶豫和校長討論關於學生們的問題及請學生到校長室報到。

教師筆記欄　*A Note from the Teacher*

> 某天心情低落時，我將四位犯行不重的兒童送至校長室，放學後我接到來電並得到寶貴的訓示：當你送走你教室裡的兒童，表示你缺乏能力。勿以為將學生送至校長辦公室，會使校長高興，因為你不是以學生來裝飾辦公室。
> ——K. Ungerer

■ 溝通 ■

有事情時，隨時知會校長，將震驚程度降到最低。在家長還沒怒氣沖沖跑來學校前，請先和校長好好討論關於問題學生的事情。校長們不喜歡被蒙在鼓裡，尤其是不喜歡說出或甚至想到：「這件事我完全不知道」這樣的字眼。和校長一起檢視老師寄給家長的通知信，校長可能會從中發現一些和學校政策不一的詞句，並省去你撤回信件的尷尬。

參加戶外教學、會議、在職進修或請假，請提早和校長聯絡，讓校長能有足夠的時間，盡快找到代課教師。和校長分享任何你和學生們參與的有趣活動：貴賓蒞臨的演講稿、給校長看學生們的功課、班刊、美術作品、偶爾給校長嚐嚐學生們在課堂上做的糖果餅乾；邀請校長參加

班級活動,例如:玩遊戲或辯論。學生可以寫一封邀請函給校長,引領校長至觀賞活動的最佳位置。

■■■ 適可而止 ■■■

校長通常會期待新進教師能像其他老師一樣承擔責任和義務。例如:所有的老師得負責院子整潔工作,那麼你也得幫忙分攤!有的老師得負責接送兒童,那麼你也是。身為新進教師總是會被要求參與各項會議和在職進修,因此請不要志願去做太多事。儘管新進教師總是被期待扛起、分攤其他老師的責任,但有經驗的教師們建議只要挑些簡單輕鬆的工作就好,並學會有禮貌的拒絕別人的請求。

許多有經驗的老師同時擔任無數的校內委員會和社區委員會,但他們可要提醒你,善用你的時間。新進教師在學校的第一年裡,最重要的是班級經營和教學,學習以堅決的態度拒絕這些額外的活動!

與其他老師相處

在學校裡,你最佳的盟友就你的同事。有的人會是你的良師益友,有些人則是義務性支持你,無論如何,當你有困難時,總會有人來幫你。他們會根據以往的經驗,提供意見給你,他們是你的第一線救援、支持和解決問題的救星。

和所有人保持友善是非常重要的,且要小心避免被牽扯進黨派鬥爭裡。友善之餘,還是盡量遠離那些你認為是哀訴者、抱怨者或八卦的人。同事關係很有可能發展為深入、持久的友誼關係,下課時或午休時間,別老待在教室裡。打破藩籬,出去和其他同事交朋友,聯絡一下感情還比較重要呢!你所需要的,不只是一杯咖啡或果汁,而是對這間學校的歸屬感。

持續地和你的同事接觸，了解誰是哪種領域的專家，誰很會使用電腦設備，誰對藝術品瞭若指掌，誰會願意為音樂、藝術犧牲而在所不惜？如果你需要科學或社會研究方面建議的話，你又可以找誰？你可以藉由非正式的溝通管道得到這些訊息。需要幫助時，別害羞，請儘管問吧！一般人對於老師的印象總是不願分享想法、意見的。不過這都不是事實。如果你有問題去尋求老手們的意見的話，他們反而會覺得受寵若驚呢！也許還會有一、兩位同事將你納為羽翼之下！吞下你的驕傲，儘管去找尋他們吧。本書就是最好的例子，若非經過這些有豐富經驗的老師們慷慨的分享，是無法完成的。

在國中教書的你們，可以向不同學科的老師們尋求意見。如果你的學校有區塊計畫（block scheduling），那麼你很有可能會和一位經驗比你豐富許多的老師同一組。而任教於高中，在你的第一年裡，可能事事都會需要主任的幫忙。

與教師助理、工讀生相處

當你發現學校有提供這樣的人力資源時，你會同時感到興奮與緊張。興奮的是，有人可以幫你分擔你的工作；緊張的是該以怎樣的態度面對這突然多出來的一個人？

在你開始擔心前，請先問幾個問題；工讀生們也許會私底下對你打分數，而你可不希望因為工作分配上的關係讓你被扣分，畢竟太少、太多責任都可能讓你被他們扣分。需了解：

● 工讀生一天有幾小時／一個禮拜有幾天會來協助你？

● 教師助理的責任，有何法定約束？

● 學校裡的工讀生通常都要做些什麼？

● 同年級的老師們，都是怎麼對待工讀生？

■ 分攤責任 ■

工讀生是根據老師的領導風格而做事的,但是每位老師給予的自由度及責任並不同。當你詢問專家教師關於工讀生或教師助理通常擔任什麼樣的角色時,你會發現這些差異非常明顯。以下是他們的回答。請試著協助工讀生盡可能投入以下的活動,並減輕志願服務的同學的負擔:

小團體閱讀	輸入成績
個別協助寫習作	更新成績
小團體訓練	文件歸檔
加強和複習閱讀及數學技巧	整理書本
個別教導／提供強化	(從教具櫥中)再補充教具
監督學習中心活動	更換布告欄
說故事	準備教材
協助電腦文書處理	影印與核對工作單
監督活動	護貝上課用的教材
訂正作業	

■ 引導你的教師助理 ■

建立一個良好的合作關係,最重要的第一步包括將他視為一個個體。如果情況允許的話,在課堂開始前,先分享彼此認為對兒童最重要的是什麼、教育理念,及對於紀律的看法。

描述你的教學計畫,並和對方協調在班上扮演的角色和所承擔的責任,盡量將職責清楚的條列出來。帶他參觀教室,如果他在學校的經歷比你久的話,則請他告訴你一些在校內該注意的事項。確定你每週的計畫都在軌道之上。Charles 和 Senter(2002)建議,當你們進行熟悉環境的課題時,記得要適當的裝扮、合宜的言行、做事機伶迅速、讓人覺得

可靠，並要注意避免任何八卦的可能。利用空堂的時間，至少每週一次，讓助理可以更清楚自己的職責。

討論關於你們課堂紀錄的事，並確定助理可以完全清楚所有行政程序。熟悉工作日誌、教科書、工具、互動遊戲、教室設備、科技和其他在課堂上會用到的教材。提供兩份工作清單，將會非常有用，以及一張辦公桌，和一個可以放些衣物、個人物品的地方給你的助理。在門牌上及黑板上寫下助理的名字，讓學生們清楚的知道，教師助理就像班上的第二位老師一樣，並同樣會持續加強班級內的自治規律。

▇▇ 訓練你的助理 ▇▇

建立一個彼此都認可的條約。在激勵活動和遊戲型態上、學生們對科技的反應、正向的管教策略、提問技巧，提供一些你的意見。這樣你的助理也可以幫助你心向學校和社區，並提供更多的意見。

如果你的學生是外國人，那麼你就會需要一位雙語助理，來幫你建立起和社區溝通的橋樑。如果你身處在特殊教育、完全融合的班級或僅為回歸主流的群體，那麼你的助理將必須具備一些條件，來擔任你的第二雙眼睛、雙手和耳朵。提供下列的訓練及其他可能需要培養的能力：

- 應用科技和軟體。
- 提問和回饋技巧。
- 以學生先備知識為基礎的激勵技巧。
- 可以訓練學生的遊戲型態。
- 針對不同學生的回答技巧。
- 你的班級自律計畫和正面的控制技巧。
- 教學計畫的元素。
- 促進合作學習。
- 檢查學生功課的簡易方法。

● 建立學生檔案的目的和組織。

如果你夠幸運，你的助理是個自動自發的人，那麼他將會比你還熟悉學校內外的事務，包括任何行政程序和例行公事，你要將這樣的關係，視為互相學習的機會。當你放開心胸和你的助理建立起有效的溝通關係時，你會發現「三個臭皮匠勝過一個諸葛亮」。當你們的關係愈來愈密切時，你會發現他是你不可或缺的好夥伴，故要經常向你的助理表示感激。有的老師會送些小禮物，有的老師會頒發服務證明書，或開一個感謝茶會；常說謝謝，也能達到同樣的效果。使用工作單 8.2「與助理合作」，準備好和教學助理合作。

預備代課老師

偶爾你會有身體不舒服、突發狀況，或臨時得參加一些特別會議，使你不得不找代課老師。這位勇敢的代課老師，在完全不熟悉學校、班級、年級、教材、授課內容的情況下，即將帶領你的班級，直到你回來為止。代課老師除了常需面對曖昧不明的情況外，還面對三十多位無法控制的學生，我就曾經見過長著一對小翅膀，頭上頂著小天使光圈的兒童，對待代課老師的態度完全不同於自己的導師。因此，為了代課老師、為了兒童們也為自己著想，你可不希望回來還得收拾殘局，或因為這段時間發生的事，而感到罪惡感吧！以下有幾個指導方針提供你參考。接著，就好好享受你的會議吧，或留在家中休息，並祈禱事情能有最好的結果。

代課老師專屬資料夾

你的代課老師愈了解你的班級，他就愈能掌控班上的狀況，因此班

級資訊應該寫得簡潔易懂，即使代課老師在上課前五分鐘才抵達教室，他還是能迅速進入狀況。使用紅色或其他顏色鮮豔的資料夾，這樣他就不用費盡一番心思才找到。而資料夾的內容，應該包含下列幾項。

點名表　請在資料夾裡多準備幾張點名單，這樣好方便代課老師在上面做一些筆記，或檢查同學的功課。

座位表　以方便代課老師叫出學生的名字，並可以避免學生偷偷地換座位，想和自己的好朋友坐在一起。

學校地圖　提供一份地圖，可使代課老師知道校內重要地點的位置，你也可以用紅筆將重要地點圈起來，這樣對他來說會更有幫助。

班級課表、將舉行和已舉行活動　提供一份班上正常上課的課表，和課外活動時間表，確定包含日期與時間。將舉行和已舉行活動是最容易混淆的地方，當大家到達圖書館異口同聲發生衝突，最令飽受折磨的代課老師感到苦惱。

日常行政職責的摘要　代課老師需要跟上你的進度，並代理你所有的職責，因此他們必須清楚你的工作範圍有哪些。如果你的工作是每個月輪替的話，請記得提供每月計畫工作表。

班規和組織系統　你必須提供一份關於班規的資訊。否則，兒童掌握班上的聲勢，會超越代課老師。例如：如何打分數、何時開班會。兒童們不會讓任何事在沒有經過告知下就進行，特別是當事後風險高的時候。你的解釋無須長篇大論，你可能會需要寫信給家長，告知兒童們在學校裡對待代課老師的行為。

公車資訊　你必須確定，在你請假的這段時間裡，每位同學都能準時

上、下學，否則，你會比平常還要更覺得有罪惡感。因此請提供一份簡潔易懂的相關資訊給代課老師。

有利的協助者（好友、助理、志工、學生） 請提供好友、助理、志工的聯絡方式，例如：班級號碼、助理姓名及時間、志工輪值表及班上三位可靠的學生，可以讓老師隨時掌握班上狀況。

標示特殊需求學生 提供代課老師有特殊需求學生的相關資訊，也許有些學童需要護士的藥物治療或糖尿病檢測。其他學童們可能擁有良好的體能，但另外也有些同學需要行為改變計畫和不同的行為標準。你可以影印工作單 8.3「為代課老師的準備」，讓他知道關於班上同學的統計資料，或將之輸入到電腦裡，以供未來更新。

工作單 8.3

✎ 教師筆記欄 — A Note from the Teacher

有一次流感大盛行，我認為我在請病假之前，已將代課計畫準備得非常完善了，於是我在家裡靜心修養。隔天上課前十分鐘，我接到學校的電話，那時我想也許是代課計畫做得不夠好，結果是——我竟然忘記找人代課了！

——M. Beach

✎ 教師筆記欄 — A Note from the Teacher

課堂的程序和行事曆都已排定，於是我寫了大致的代課計畫。因為每天的活動不一樣，所以我留了一些空間並劃有特別註明的地方。我告訴代課老師，務必嚴格的管理，這樣當我回學校時，才能有一個溫暖、熱烈的歡迎！

——S. Barten

■■■ 課程計畫和錦囊妙計 ■■■

　　一般來說，你不能事先預知何時會需要代課老師來幫助你（因為可能是在職進修、可能是之前就感冒了、可能是家裡臨時有事），或無預警的一早起床就送急診室或一場突如其來的重感冒。在以上的案例中，你需要的是一個準備完善的代課計畫。這樣對代課老師接手時比較輕鬆，在你回學校時上課時，也更容易進入狀況。

　　在預知的緊急狀況時，你可以寫一份完整、仔細的課程計畫給你的代課老師，並請同學預習功課。將教材準備好，讓代課老師可輕鬆上手。有些老師甚至在緊急狀況時，還能寫下當日的工作計畫，並請朋友或配偶一早送到學校。

　　如果是無預警的情況下，你還是得準備一份完善的計畫書給你的代課老師。你所完成的課程計畫應該是條列式，使人一目了然的。此外，在代課老師專屬的資料夾裡，必須放一些測驗卷及一些課程輔助教材，每兩週更新一次內容。資料夾裡，也可以放一些有趣的互動遊戲的盒子或袋子，例如：詩集、唱片、布偶和童謠（年紀小的學童）來激勵學生，對於年紀較長的兒童們，也別忘了準備一些絕不會出錯的備用方案，包括：腦力激盪、好書分享、影片、謎語書、填字遊戲、偵探小說，或進行美術活動。代課老師通常會帶來自己的課程輔助教材，但如果你提供的是根據班上同學量身訂做的活動，那麼你就更進一步了。

■■■ 尊重代課老師 ■■■

　　學生們可能會誤以為代課老師的來臨是派對的開始。如果你的班級規律是以自治為前提，那麼你的學生將不會從中得到太多好處！如果老師管理得非常嚴格，而其他老師不使用同樣的管理方式時，學生會有如脫韁的野馬。因此，請先和班上同學談談關於代課老師的事，且解釋代

課老師的救援功能，討論並羅列使代課老師容易進入狀況的方式。無論如何預防，如果學生偷偷舉行派對，可以讓它產生邏輯的後果，例如：要求犯錯的學生，寫一封道歉信給代課老師或在班會上討論。

最後的叮嚀

學校可能是孤獨的地方，也可以是最友善、最多支持和最溫暖的地方，我想念 Hillside-University Demonstration School 的同事們，我總是在那裡得到最熱誠的歡迎。我參加了午餐會、退休派對、聚會和其他的社交活動，這些都讓我們的關係變得更密切。我甚至還有個神祕夥伴呢！

學校裡的每位成員，都是建立相互支持學校氣氛的一份子。既然你是新來的成員，你必須努力去認識每位成員，讓他們知道你是個歡迎大家來詢問建議、提供忠告和建立友誼的人。別老窩在教室裡冬眠！儘管你是個害羞的人，請強迫你自己建立一個忠誠的互動關係，那麼你將會被學校接納且對學校有歸屬感。

Reflection Box
反思欄

本章有任何改變我的想法嗎？
我仍有的問題是……

Reflection Box
反思欄

在我任教的第一年，我實際採用哪些策略？

延伸閱讀

Brock, B. L., & Grady, M. L. (2001). From first year to first-rate: Principals guiding beginning teachers. Thousand Oaks, CA: Corwin Press.

Herbst, J., & Hillam, C. (Illus.). (2002). *The substitute teacher's organizer: A comprehensive resource to make every teaching assignment a success.* Huntington Beach, CA: Creative Teaching Press.

Morgan, J., & Ashbaker, B. Y. (2001). *A teacher's guide to working with paraeducators and other classroom aides.* Alexandria, VA: Association for Supervision and Curriculum Development.

Seeman, C., & Hofstrand, S. (1998). *Super sub: A must have handbook for substitute teachers.* Parsippany, NJ: Pearson Learning.

Smith, G. G., Goldenhersh, B., & Murdock, C. (2000). *Substitute teacher handbook K–8* (5th ed.). Logan, UT: Utah State University.

參考文獻

Charles, C. M., & Senter, G. (2002). *Elementary classroom management* (3rd ed.). Boston: Allyn & Bacon.

開學日

我認為……

> 開學日的準備……
>
> 安排學生座位和記住學生的名字……
>
> 認識學生家長……
>
> 開學日的活動……

　　教學是唯一一個每學年都有「除夕夜」和「開學日」的行業，其他行業也有第一天的「開學日」，不過通常一個行業只有一個開學日。因為有這樣的差別，所以教師對於開學日總是特別敏感。例如：如何度過新學年的前夕呢？數羊到天亮，或是希望時鐘可以走快一點。我整晚總是睡不著，並不是因為整夜的派對、香檳，有的只是欲嘔的感覺和咖啡相伴，因為隔天的到來而緊張得不得了。事實上，每當一個新學期快要開始時，我總是得深呼吸，驅策自己進入這間教室，準備面對一些棘手的問題。

　　雖然，隨著經驗的累積，面對開學日變得比較容易了。我也能夠了解，為什麼普遍來說每位老師都會問：「開學日我到底該怎麼做呢？」雖然前面的章節已探究有個成功開始的因素，但還是不太了解該如何將學到的東西付諸行動。

你絕不孤單。儘管你已經修習過所有的科目，也讀過所有的教材了，但還是無法消除你的緊張和焦慮。事實上，只有經驗才能讓你度過這一切不安。有了第一次的經驗，事情就會變得更簡單了，你將會找出自己獨特的方式，在開學日存活下來。

教師筆記欄 *A Note from the Teacher*

焦慮地等待開學時，我拜訪校長且看到我的教室，當我完成實習工作且興奮的承接幼稚園班級——我最喜歡的年齡階段，我非常有自信能夠做好這份工作。但當校長帶我參觀校園時，我竟止不住眼淚地跟校長說：「我真不知道自己在幹嘛，也不知道我為什麼要來這裡」哇！真是特別的第一印象！之後校長對我微笑且給了我一個擁抱，告訴我一切都會沒事的。事實證明她是對的，我的第一年校園生活真是個非常美妙的經驗，如今我已經在這個幼稚園教了十八年，且享受工作的每一分鐘！

——B. Monroe

開學日的問題

本章並不能代表你真正的經驗，這是針對大部分初學者會有的疑惑而做的總整理。它只能提供你一個概括方向與特定訊息，最後，讓你設計自己的開學日計畫。當你知道愈多適合你的他人經驗時，那你會變得愈有自信。兩個最核心的問題：如何建立學習的步驟，及如何在班級中建立社群？本書將會深入討論這兩個最重要的議題。但首先，我們會先探討一些簡潔易懂、比較具體的問題。在你閱讀下列的總整理時，請同時填寫工作單 9.1「開學日的問題」，你會怎麼回答呢？

工作單 9.1

▓▓ 該穿什麼衣服呢？ ▓▓

九月時，我最懷念的兒時記憶，就是購買開學用品和新衣物。這些新的作文簿和削尖的鉛筆，總是讓我下定決心要當個整潔的乖孩子，不要在書上塗鴉或是在內頁裡畫畫。但最令人興奮的莫過於開學日穿著前一晚就準備好的新衣服上學。

每位即將開學的學生，都會經歷同樣的過程，而你也一樣！我敢打賭你一定也為了開學日該穿些什麼，而躊躇了好一段時間。我每學期也是如此，請盡量穿著能夠展現你專業的服裝，你不需要找什麼造型師或是買什麼「萬無一失搭衣法」的流行書來看，只要穿著自己喜歡的、又不失莊重的打扮就好了。就穿著正式的次數而言，多數教師落在中間值，雖然有些建議在開學日穿著講究的洋裝與鞋子或西裝與領帶，大多數還是強調舒適最重要。但可別忘了考慮天氣及學校風氣和學生年紀，還有你的個人品味。如果當天要做些彩繪或坐在地上之類的活動的話，那麼休閒的工作服是最適合不過了。在國高中裡，男老師可以打一些與學科有關的領帶，女老師可佩帶胸針或一些與學科相關的小飾品。穿出最能展現你專業的服飾，將能夠讓你在開學日更有自信地踏出教學生涯的第一步。

▓▓ 首先該說什麼呢？ ▓▓

我們總是認為見面說的第一句話非常重要，可能讓情況變得更好，也能變得更糟，開場白說得好，那麼接下來一切事情都會很順利。事實上，學生們根本不會記得開學日老師到底說了些什麼，但這是所有新老師都關切的問題，以下例句提供參考：

歡迎者：非常開心可以見到大家。我敢肯定接下來的一年，將會非常的棒。

介紹者：我的名字是＿＿＿＿＿。這是鮑理斯和娜塔莎，是我們班的寵物鼠。

管理者：同學們排隊排得好整齊，希望可以持續一整年！請同學安靜的進教室，隨意找個位置坐下。

我自己最喜歡：在本班中可以允許錯誤。

一般而言，以上述任何類型或自創獨特方式來打破僵局都可以，切記此字母縮寫字「WISHES」──歡迎（Welcome）、介紹（Introduction）、分享希望（Share Hopes）、建立標準（Establish Standards），這是開學日好的開始的最佳公式。

■ 如何自我介紹 ■

新進教師總是在乎學生們如何稱呼自己，及該向學生透露多少私人的事。除了一些特殊的情況下，學生們應該還是以姓氏稱呼老師最為妥當，一些國小教師們，學生們會以名字直接稱呼。例如：麥克老師、蘇珊老師。有些教師的名字，學生會以名字縮寫稱呼，因為原名實在太長了，或是很難發音。

在任何情況下，請別忘了在黑板上寫下自己的名字，並向同學說明如何發音。上課時，學生們才知道如何向你打招呼致意。「早，瓊安！」「早安，松本老師。」

在我成長的過程中，我總是認為老師不會去洗手間，也不會去超市買東西，因此我認為告訴學生一些關於我的私人生活、關於我的專業背景是必要的。令我驚訝的是，現在大部分的老師都會如此，他們通常會談論自己的家人、為什麼喜歡教書、為什麼會選擇這所學校作為教書生涯的出發點、寵物、暑假生活、興趣、先前的工作或經驗、嗜好和其他身體的障礙（或殘疾）。

只有極少數的老師會鼓勵學生探討老師的私生活，有的老師會做個自傳公布欄，張貼一些家人的生活照、喜歡的嗜好或運動、愛吃的菜等。自我揭露的程度多少，完全取決於你的生活哲學。你也可以稍微分享自己的一部分（寵物的名字和類型、嗜好），這樣能夠釋放教室內緊張的氛圍，滿足學生的好奇心，拉近和學生的距離。和學生建立良好的關係，是開學日最重要的課題。至此，希望你已經得到足夠的建議來度過開學日剛開始的前兩分鐘了。現在，該是時候坐下來，好好的放鬆囉！

■ 如何安排座位？ ■

早期有兩種安排座位的方法。一是按照名字來排（譯註：國內有以座號來排），二是按照身高來排，如果你的名字是 Z 字母開頭的，或是身高較高的人，就會被排在最後一個位置。你會因為視力不好、聽力不好和擾人的行為，而被升等至頭等艙座位——講桌前的前排座位。但現在時代改變了，目前最流行的趨勢是讓學生們在開學日時，自行選擇座位。

讓學生們選擇自己的座位，不僅是學習做決定的練習，也是讓學生們學習自己承擔責任。成人們也是一樣，常會為了機位、戲院位子和晚宴位子的安排，而感到不開心。人是習慣性動物，當我們選擇了自己的領域範圍，就會一直待下去。

孩子們也是一樣！但這代表當他們選擇了自己的座位後，就永遠不會改變心意了嗎？永遠別說永遠。以下是幾位老師他們採取半自選的方法後，所提出適應不同情況的建議：

- 選擇可隨需求而隨時更改，像是和隔壁同學處不來。基本上，直到開學一個禮拜後，位子才會正式確定。
- 讓學生每個月選擇一次位子，或是一學年可更換位子兩到三次。而位子排定，老師可再視情況調整。

　　另一種也滿流行的安排座位方法是抽籤。學生們自行抽籤和座位號碼相符的位子，同樣由老師視情況而定，可作部分調整，並且可每個月再抽一次籤換位子，或是一年更換幾次。這樣的方法是建立在公平之上，每個人的機率都一樣。因此也有風險，並不是每位學生都對抽到的位子滿意，因此老師必須好好處理這些抱怨。

　　和以上一連串自由意志、隨機挑選的相反作法是事先安排，由老師決定座位。這方法其實目前並不多見，老師會依主要變數來作決定，例如依學生能力、按姓名排列、種族、性別或少數族群。值得一提的是，像這樣的方法，有時並不實際。

　　第一個例子中，以能力來區分孩子會給孩子打上不必要的烙印。因為孩子可藉由特殊輔導或加強，而輕易的改變位子。第二個例子，以教師容易記住名字為由，而按照字母排列座位，這並不是個好理由，因為以姓氏稱呼學生，並不常見，且姓氏為 Z 的學生，永遠得坐在最後一

排。相比之下，座位表是個更合理的解決方案。最後，藉由座位安排，嘗試在所有的變數（性別、種族、身高、能力）中找出平衡點，是件非常困難的事情。那麼為什麼不讓學生自己選擇座位呢？只在必要的時候介入，修正平衡點，特別是在合作學習時。

　　讓非以英語為母語的學生坐在教室最前排，這樣他們才能聽得更清楚你在說什麼。同時，也要確保周遭有說同樣語言的學生。

　　如果你還是喜歡自己安排座位的話，那麼在開學日時，請在桌子或地板貼上寫有名字的標籤。讓學生享受自己找到座位的樂趣。如果是還沒有閱讀能力的學生，可以用圖畫來表示。

■■■ 如何記住學生的名字？ ■■■

　　對學生來說，最大的讚美莫過於開學日就記住他們的名字了，這得靠你的專心和努力才能達成。請再三和學生確認姓名發音。每位學生都有權利決定該如何被稱呼，無論是暱稱或是簡稱。教師們建議你一個方法：從錯誤中學習，你甚至可以在午餐時間或解散下課時，以名字稱呼學生，並祝他們有美好的午餐。以下有幾個建議：

- 學生紀錄檔案裡都有新生入學照片。在還未開學前，將臉孔和名字連結起來，開學日時，以名字稱呼學生，他們一定會非常驚訝和開心。

- 借一台拍立得或數位相機，將開學當天學生們的樣子拍下來。在相片上寫下學生的名字，可幫助你記憶，日後也可以用來做一個可愛的歡迎布告欄。

- 請學生身上配戴名牌，也是個可以輕鬆記住名字的好方法。可以將名牌放在座位上，也可以別在衣服上或掛在脖子上，年紀大一點的孩子，也可以請他們自行製作。

- 在孩子們選好座位或安排好座位時，可以請學生們填寫一張座位

表。這可是個讓記憶力大躍進的好方法唷，通常適用於國中生和高中生。

- 有些老師們會利用簡單互動的方式或是遊戲來記住學生的名字，例如下列所舉。

低年級學生：幼稚園到國小一年級　老師拿著學生的名牌，請學生前來認領。一開始教師可以叫學生名字，但應鼓勵藉由視覺線索辨識，請學生說出自己喜歡的東西，包括：玩具、寵物、食物或電視節目。

中年級學生：國小二到三年級　請學生上台自我介紹。引導一些話題並給予時間限制：

- 告訴大家自己的名字。
- 告訴大家一些關於家庭或寵物的事。
- 放學後喜歡做些什麼活動？
- 最喜歡什麼電視節目？

可以用蛋型計時器給予時間限制三分鐘，不能超過。這樣就能讓他們自我監督，也不用在學生講太久時，打斷或阻止他們。

重新看過一次按照字母排列的點名表，請同樣姓氏字母的同學組成小組上台，介紹自己。

高年級：國小四到六年級　請學生介紹一位同學給全班同學認識，老師可給予一些例句引導。例句可以重複，學生也可以自行創造，還可以將例句寫在黑板上，例如：

- 同伴最喜歡的科目。
- 同伴最不喜歡的科目。
- 同伴最喜歡的故事類型。
- 關於同伴的寵物。

- 同伴最喜歡的運動及嗜好。
- 同伴最喜歡的電視節目。
- 同伴在家用什麼語言。

孩子們喜歡拾荒者狩獵遊戲，請孩子們找出班上符合需求條件的同學，你可以事先寫在紙條上，讓孩子們去找符合紙上描寫的同學。

- 誰討厭披薩？
- 誰喜歡紫色？
- 誰家裡有超過三隻以上的寵物？
- 誰住在別的城市？
- 誰住在別的國家？
- 誰會說兩種語言？
- 誰去過迪士尼樂園？
- 誰是九月出生？
- 誰有用髮飾品？

也許讓孩子們記住彼此名字最好的方法是透過遊戲練習，每位同學得說出先前其他同學的名字。

瑪　莉：我是瑪莉。

傑　森：這是瑪莉；我是傑森。

包勃羅：這是瑪莉、傑森；我是包勃羅。

雷　恩：這是瑪莉、傑森、包勃羅；我是雷恩。

依蓮娜：這是瑪莉、傑森、包勃羅、雷恩；我是依蓮娜。

朱力歐：這是瑪莉、傑森、包勃羅、雷恩、依蓮娜；我是朱力歐。

這樣的方法對於成人同樣非常有效。不僅可讓我在短短幾分鐘內，

記住學生的名字,也可讓學生記住班上其他同學的名字。而且在這個方法中,不需要任何名牌。

　　利用上述的任何方法或是使用由一位中年級老師建議的賓果卡(圖9.1),孩子們請同學在適當的格子裡簽名,先完成表格的同學,將可獲得獎品。另一個簡單的自我介紹方法是,請同學想出三個最符合自己的形容詞,Kottlers(1998)建議,對於中學的孩子,可以讓相同興趣的同學成為小組,建議話題有:樂團、食物、電影、電視節目等。

會彈鋼琴	七月出生	喜歡菠菜	滑雪	騎馬
出生地在另一城市	出生地在另一國家	會變魔術	有圖書館借書證	名字是五個字母拼成的
未來想當老師	擁有滑板	會踢足球	有捲頭髮	有一隻爬蟲類寵物
有過火車之旅	穿著藍色衣服	討厭披薩	會打鼓	擁有超過一隻以上的貓咪
有超過三個以上的兄弟姊妹	母親也是老師	有深潛經驗	會打網球	會說兩種語言

圖 9.1　「認識同學」活動賓果卡

十條指引守則

　　儘管有些人喜歡詳盡的指導手冊,但基本的指引守則對於構想計畫時將會更有用。你現在需要的是一個關於開學日計畫的構圖。畢竟你現在是個受過完整訓練的教育者了,像我或是其他曾給予本書意見的教師們一樣具有獨當一面的創造力。如果你遵循下列守則,那麼你就有個成功的開始了。以下的守則,可以提供你作為評量自己的標準,以下是十條指引守則及該告訴學生的訊息:

守則	給學生的訊息
1. 事前準備。	老師知道學生們在做什麼。
2. 激勵學生。	學校是非常刺激的。
3. 建立例行工作／課程表。	學校是安全的，並可預期的。
4. 建立班規。	我將學習自我控制。
5. 讓學生適應學校／班級。	我在這裡感到很自在且屬於這裡。
6. 預習課程。	我將學習新事物。
7. 讓學生做決定和選擇。	我們都是一份子。
8. 訓練讀寫能力。	閱讀是美妙的事！
9. 認識每位學生。	我是獨特的！
10. 複習和安排簡單的功課。	我會成功的！

■ 事前準備 ■

　　提早到學校去，你才有足夠的時間檢查教室內外，也會讓你更習慣這個空間，並感到自在。確定班級課表上有你的名字、門外有歡迎標誌、名牌都準備好了、桌椅也都排成了你要的方式了、所有的授課課材都準備好、今天的計畫也都寫在索引表上了。我喜歡在每一堂課開始的前十五分鐘到教室，將教材整理好，並把今天的課程計畫寫在黑板上。讓學生知道，我是個準備完善且有組織能力的教師，這樣能夠幫助學生從不確定的疑惑狀態進入明瞭和理解。

■ 激勵學生 ■

　　在學期一開始就使用這一招，給予學生各式各樣高度激勵的經驗。繼續保持激勵的方法，並想出更多的理念。讓學生在開學日，放學回家時，覺得學校（班級）是個充滿刺激的地方。開學日的感受能夠加強好的印象，同時也能讓壞印象變得更糟，在國高中裡，已有這樣的實驗支

持這個想法。讓學生記住開學日發生的事，回家時還會和家人分享這件事。

當學生回家時，一定會被家人問到：「今天在學校做了什麼？」請確保你的學生回家時，給予的答案是充滿笑意和興奮的報告，而不是不耐煩的說：「我不記得了。」或是「沒什麼。」

■■■ 建立例行工作／課程表 ■■■

現在，開始建立每天的例行工作和課程表。在第四章已經詳細介紹過關於例行工作了，而你也在實習課程時，觀察過各式各樣的例行工作和課程表及其帶來的影響。例行工作是班級經營的最佳利器。可以幫助你節省時間，讓事情進行得更順利，同時也可以建構一個安全的環境，迎合學生的需求。我們通常對於可以預期的環境有安全感，當事實不符合預期時（車子發不動、鬧鐘關不掉、淋浴時沒有熱水），都會讓我們覺得有點不知所措。我們必須有一套規矩來遵守，才能省下力氣用在更有創意的事情上。在開學的開學日時，可向同學們說明一些必要的班級例行工作，其他的也可以在往後一週說明。

除了建立班級例行工作外，學生們（以及成人們）都喜歡固定的行程。人類都是習性動物，當我們日常的生活被旅行、訪客或其他外在事物打擾時，我們會有點暴躁不安。我的學生們總是樂於知道接下來的二至四小時會做些什麼活動。我會在黑板上寫下今天的課程表（包含時間）。對於接下來有趣的活動，學生們總是非常興奮，例如：看影片、模擬遊戲，或是他們只是純粹想知道，還剩多久時間下課。但我不是總是依賴著課程表的，它只是個指南，讓學生可以預測這堂課需求的東西。你的學生（不論是任何年級），都會對既定的行程產生安全感。既然課程表已經在你的腦海裡了，也寫了一張課程計畫表，何不乾脆寫在黑板上給同學看呢？

你的開學日和第一個班級應該是經過你的計畫經營的。開學日不是最特別，就是讓孩子們充滿驚喜的一天。讓孩子們繼續期待你的新計畫，在既定的常規和課程表下，驚喜是最棒的歡迎禮物。

▓ 建立班規 ▓

先前已經有探索過其他管教策略的練習機會了。在這過程中，你也已將可能適合你的東西，加入了你自己的計畫裡，現在開始正式實施計畫囉！在開學日時，創造一個積極正面的班級風氣，這時是個和學生討論、建立一個基於互相尊重、責任和尊嚴的班規的好時機。學生在開學日時，自治表現會好過於任何時候，利用這一天，建立班級經營模式。和學生合作建立班規，讓學生知道你是個堅持規矩、公平的教師。這也是個說明班會舉行模式的好時機，也是你們的第一次班會呢！中學學生可以分成小組討論，希望他們能自動提起以下這些議題，或者他們會需要你隱微的小提示和建議：

- 上課鐘響時，能在座位上坐好。
- 記得帶上課需要的材料、教科書及回家作業。
- 發言時記得舉手，並學會傾聽其他同學的想法。
- 尊重他人的空間和物品。
- 有責任感。

開學日別輕易破壞規矩。孩子會仔細觀察你的舉動。學期剛開始時，你可以堅決點，堅持自己的標準，等到期中之後，就可以稍微彈性些，這樣一整個學年，就都能輕鬆地度過。遵循第五章的建議且運用你的智慧，通過學生一連串的考驗。如果班上有同學是外國人，那麼請將班規譯為他的母語，並寄給家長參考。

■ 讓學生適應學校／班級 ■

我們都需要和周遭環境建立起關聯性。就算只是換個能夠拓展視野的新風景，也會令人不安。在大部分的旅行中，不論是多緊湊或是多輕鬆的行程，認識新環境常常是第一件要務。對於學生而言也是一樣，他們需要盡快和學校、班級產生關聯。讓新生、外國學生及復學生適應環境最簡單的方法就是帶領他們走一趟校園，告訴他們一些重要的地點位置，例如：洗手間、飲水機、校長辦公室及保健室，其他還有像是校車站牌、放學排隊的地方、學校餐廳、消防演習的指定集合地點及逃生出口，讓學生知道學校鈴聲的意思，還有其他信號的意義。至於年紀大一點的孩子，可以和他們一起畫地圖，或一起設計一個尋寶遊戲，讓年紀大一點的孩子帶新生認識校園。國高中生則可以帶他們看一次校園地圖。

開學日時，規畫一個教室之旅。讓學生用身體、眼睛去認識環境，他們會更記得儲藏室在哪裡、哪裡是遊戲室等。

教師筆記欄 *A Note from the Teacher*

> 我在中學任教的開學日時，請學生寫下他們所關心的學校議題、事務。我發現學生們關切的問題不外乎是迷路、嚴苛的老師、幫派問題、上錯公車、回家作業太多及毒品問題。我們一起討論這些事發生的可能性，並請同學將所討論的東西整理成一份報告。這麼做有兩個好處：第一是讓同學卸下心中的疑慮和不安；第二是我也可以因此得到每位同學的原始手稿。
> ——K. Beard

■■ 預習課程 ■■

在開學日時，讓學生們很快的融入情境，對於接下來一年的課程感到興奮。和學生預習在這一年中會討論到的話題及課程、開學的第一週，科學、社會研究的課程可以提早開始，藉由詢問學生他們對於這個單元了解多少，及想從這個課程得到什麼，提升他們對這課程的投入程度，這樣的激勵效果是非常好的。讓孩子們知道接下來將會是個興奮的一年，而且可以學到好多新事物。告訴幼稚園或是國小一年級的孩子，他們將能夠學會閱讀，或是告訴國小三年級的小朋友，他們將學會草寫體字母。或是告訴六年級的學童，他們即將擁有一個外國筆友，讓他們回家時，充滿期待與興奮。告訴國高中學生這一學年的重要計畫。

■■ 讓學生做決定和選擇 ■■

和學生分享做決策的權責。鼓勵他們自己做決定及參與班級事務。對於年紀小一點的孩子，能參與決策的事項包括：選座位、要玩什麼遊戲、要唱什麼歌、選擇要看什麼書、編寫班級常規等。

■■ 訓練讀寫能力 ■■

在開學日時，讓學生知道你非常重視閱讀，並會將這個列入你的教學計畫中。可能是帶孩子們參觀圖書館，認識圖書館員，並讓學生們自己選擇一本書閱讀；或是你也可以念一本有很多可愛插圖的繪本故事書給小朋友聽。對年紀大一點的學生，可以選擇念一篇和教授科目有關的章節。此外，對於幼稚園的學童，當你參與他們的第一次閱讀經驗時，可以請他們重讀一次剛才的故事，並將之記在腦海中，也可以在第一天的午餐後，安排一段安靜的讀書時間。無論你選擇怎麼開始開學日的閱讀活動，請別忘了，讓它變得好玩一點！也許藉由閱讀的美妙與對閱讀

的熱情,你可以讓閱讀成為班上的一股潮流。

教師筆記欄

在高中的開學日,我發給每位同學一張小紙片。並請他們寫下:
「(自己的名字)不要懷疑,酷!」然後我在卡片上簽名,還把它護
貝起來。我請他們隨身攜帶這張卡片,在學期末時,我將給予額外的
加分。結果有的學生帶著它好多年呢! ——D. McLaughlin

■ 認識每位學生 ■

在開學日時,讓每位學生感覺到自己是獨特的個體。不管是言語上
或是非言語的表達,讓學生們知道他們是受歡迎的、受重視的、特別
的。你可以在進教室的途中,從打招呼開始。

用第二語言向外國學生打招呼,會讓他們覺得受到歡迎。接著,學
生們自我介紹時,仔細的聽他們說話,並試著記下他們的名字。當你給
予學生正面評價,並且用微笑回應學生時,將能夠加深你的記憶。同時
更可以進一步擴展到請學生們幫忙你寫下班規。下課時,針對每位學生
給予獨特的道別方式,並在隔天重複進行。

■ 複習和安排簡單的功課 ■

開學日的功課難度應低於對班級的預期程度。為什麼呢?學生在開
學日放學回家時,應該要覺得有成就感,覺得他們已完成了某些事。對
於年紀小一點的學生,應該讓他們帶著一張開心的臉或你的評論回家,
讓父母可以看到孩子努力的成果。當作業太難時,或是學生感到沮喪
時,你可以主動幫助學生完成。你有一整年的時間可以挑戰學生們的能
耐,並鼓勵他們超越自己,但在開學第一週時,請讓他們有成就感。給

予作業時，建立你自己獨特的成功標準，鼓勵學生所做的每一小步，都會成就學生日後的一大步。

開學日我到底該怎麼做呢？

上述的十條指引守則，既廣泛又容易記住。但還是會有人不清楚實際上到底該做些什麼。因此接下來我將會提供一份開學計畫的範本，包括小學的中高年級學生及國高中生。了解且測試我們討論過的十條指引守則之後，就換你上場囉！

▓ 幼稚園／小學一年級 ▓

歡迎 在門口迎接孩子及家長。當你看到有的父母帶相機，或是攝影機來記錄孩子們這一刻重要的里程碑時，請別太驚訝。找一個特殊的字眼對每個孩子說（如果能的話，請以孩子的母語說出），請孩子們別上名牌，或是讓父母幫他們。請孩子們圍成一個中心，讓大家玩個簡單快速、能輕鬆收拾好的遊戲。再次的向父母保證、回答他們的問題、指引家長們裝牛奶費用的信封在哪，請父母們幫班級服務是永遠不嫌晚的。有位幼稚園的教師就招募了前一學年的學生家長，幫忙開學日開學及第一個禮拜的事宜。鼓勵家長們盡早離開學校，特別是孩子在哭鬧的父母。等會兒，你可以打電話向家長再報告一次孩子的狀況。

教師筆記欄 — A Note from the Teacher

> 幼稚園開學日，我在教室門口貼了一張告示，上面寫著：「開學日，道別親吻別就像滿滿湯匙的藥，應該要快速地餵下且帶著微笑。讓孩子知道一切很快就會沒事的。」
> ——A. Kocher

當你見過了所有的孩子後，請告訴家長們離開的門在哪裡。記錄哪位學生是走路上學、誰是被誰接送的，請同學們將椅子收好，在地毯上找個位子坐下。請老師自我介紹，請同學跟著念一次老師的名字。向學生們表達你對新的學期有多麼的興奮，以及你有多開心能夠當他們的老師。公布在這一學期中，他們將會學到什麼有趣的事情、會做哪些好玩的活動。告訴孩子們你有注意時鐘，如果時間到了，會讓孩子們準時放學，當校車來時，會提醒孩子們上車。因為這是學生們開學日上學最關切的問題了。

例行工作　點名。雖然你已經知道哪位同學到了，但這只是為了建立例行工作。和同學們一起數班上有幾位男生，並在黑板用國字寫上人數及「男生」兩個字。這是閱讀的開始，我敢保證在你數完「女生」後，他們會告訴你黑板上寫了什麼。接著進行各州或各地方政府課程綱要中所規定的程序活動（如唱國歌、向國旗致敬等）。

讓學生適應班級　帶孩子們瀏覽教室裡的各種圖表與布告欄，及孩子們特定活動的集合點。一起朗讀教室裡的各種標籤，指出掛衣架在哪裡、櫃子、補給品、老師的座位、寵物及其他重要的東西。

　　也許你想要教孩子們一些相關的童謠，或是簡單的手指遊戲。當你們走近日曆時，教孩子們一首關於季節的童謠或童詩，當你們走近天氣公布欄時，教孩子們一個簡單的手指遊戲。告訴孩子們生日公布欄在哪裡，當他們生日時，將會公布在布告欄上。也可以告訴孩子們關於老師自己的事情，或是製作一個老師布告欄，和學生們分享生活。

班級自治公約　在這個心智還在發展的年紀，是教孩子們如何自治及遵守秩序最好的時機。以木偶來說明班規，請你向孩子們解釋什麼是秩序，對學生來說這也許是新的概念。在這個成長的銜接點上，你可以和

小朋友們玩「老師說」的遊戲，幫助學生理解規範的概念。表達你希望學生們做的事，並在他們做出期望中的行為時，持續性地鼓勵他們。在學習規範的過程中，如果你有足夠的耐心與包容，那麼就一點都不會覺得孩子們麻煩了。你可以諒解，學生們都是第一次接觸到這樣的事情，當規範符合現實生活中的需求時，孩子們才最容易記下來。

例如：先討論洗手間的秩序，學生們最快會用到的學校設施就是洗手間了。帶著孩子分別去看男、女生的廁所，向孩子們強調「為什麼」及「如何」保持衛生的概念。告訴孩子們，上課的時間是可以去上廁所的，可是一次只能有一個男生和一個女生可以離開，且不超過兩位以上才行。課堂上，正在講重要的事情時也盡量不要去洗手間。

讓學生適應學校　在接下來的一週中，消防演習很快就會到了。因此在這期間，請記得向孩子們介紹消防演習的過程，但是別在開學的開學日就嚇到孩子們了。帶著孩子們來趟校園導覽，認識一些重要的地點和人物。

體育／下課時間　請學生至教室外且示範如何使用設備，再次討論輪流的規則且安全地使用。兒童玩遊戲時在旁觀察，可利用下課時間熟記每位兒童的名字。安排兒童圍個圓圈，當老師丟球給某位兒童時，請他說出自己的名字。

點心時間　如果點心時間有牛奶時，可以教小朋友們如何打開牛奶的紙盒，還有處理吸管跟資源回收，老師可請某位兒童負責清理紙盒。請不要將一切視為理所當然，否則小朋友因為翻倒的牛奶而哭也是於事無補。

閱讀　開學日的第一天，一起閱讀或是念一篇故事給小朋友聽。請學生們加入閱讀的活動，例如：看圖說故事、預測劇情，或是問幾個關於故

事的問題。有些書甚至鼓勵小朋友跟著你一起讀！例如：Denys Cazet（1990）撰寫的《未曾弄髒你的鞋子》（*Never Spit on Your Shoes*）、Edith Baer（1990）撰寫的《我們都是這樣上學的》（*This Is the Way We Go to School*）、Miriam Cohen（1967）的《我會有朋友嗎？》（*Will I Have a Friend?*）還有另外一本書是 Janet Stoeke（1996）的《路易絲在學校》（*Minerva Louise at School*）。有一首非常傑出的童詩，也可以用在開學日這個重要的日子，就是 Aileen Fisher 的「First Day of School」，這首詩收錄於《總是疑惑》（*Always Wondering*）（1991）這本書中。

　　有位老師利用超大型讀字卡，上面畫了各種圖案，還有超大字母。例如：顏色、標誌、名字、不同季節的樹木、不同表情的臉、數字等等。每位小朋友都會念麥當勞的標誌還有路上「停」的標誌，你可以製作自己的讀字卡，讓小朋友在開學日回家時，能滿有成就感地相信自己會讀書了呢！原來一點都不難！小朋友們也許會寫一篇關於開學日上學時的第一次閱讀經驗，然後和你一起分享唷！

中心　當需要用到工作台或是需要小朋友圍成一個中心時，請你用最簡單的話向小朋友們解釋材料該怎麼用、哪裡可以使用它們及如何收拾。教導小朋友並練習什麼時候才可以玩，及什麼時候該收拾好，收拾好後該去哪裡集合。你可以鼓勵小朋友們團隊合作。以上活動結束後，可以告訴小朋友們剛剛哪裡做得不夠好，做一個事後評估的動作。在班級玩具中，可以放幾個異國風味的娃娃或玩具；在班上的圖書角裡，也可以放幾本雙語童書。

藝術　請學生們畫下關於開學日的心情。家長們會將之視為重要的紀念品，小朋友們也會很有成就感、開心地帶一張作業回家。

總結　唱些歌或是做做體操來結束這一天。依小朋友今天的表現檢討，

並詢問小朋友最喜歡今天的什麼活動。再複習一次今天上課學到什麼字，並寫在黑板上，喚起小朋友的記憶。這可作為今日的教室日誌。收回小朋友的名牌，並預習明日的課程。

為了避免下課鈴響時的混亂，請小朋友們依照回家的方式排好路隊。例如：騎腳踏車的同學一排、家長接送的排成一排。這項作業會是你今天最困難的事情，但是之後它就會成為班上的例行工作，並得到小朋友們的協助。團體安排會是幼稚園老師們最有效率的行事作法。一位老師帶著家長接送的孩子們排隊，等待父母到來；另外一位老師帶著所有搭公車回家的小朋友們，排隊等待公車，並依序上車。請家長們排好隊，在門口等待。老師必須根據名單，親自將每位小朋友送到家長手上。在放學時，務必要注意小朋友的安全。給家長一封信，寫下今日的課程還有家長需注意的學校事項。信末，請感謝家長們送了這麼一位小天使到學校來。如果這幼稚園是全天班或是小學一年級，那麼總結應該安排在下午。

下午的活動可以包括再一次的中心活動或是體育課，也可以來個社會研究或是科學研究。最典型的課程議題是「安全」。可以在下午第一節時開始。

根據以上的模式，可用於接下來一週的課程。每天增加新的歌曲、手指遊戲或是一本新書。你可以將這些活動加入你的課程計畫之中，並輪流執行。你可以在接下來的一週中，繼續安全議題。在每個課堂中，都加入一個小遊戲。其他適當的話題包括：我們的學校、我們的家人、社區協助者、我們都是最特別的、我們的寵物。閱讀還有數學可以漸漸帶入學生的課程中。也可以在接下來的一週中，將分享時間帶入學校生活。當一切步入軌道時，一些活動將會成為課堂的例行工作，並使課程充滿趣味。

■■■ 小學二到三年級 ■■■

歡迎 當孩子們進教室時，請他們領取自己的名牌及挑選自己的座位。提醒孩子們，如果有任何必要時，座位將由老師安排。介紹自己，向同學道早安，並請同學們以特定的稱呼回應你的招呼。例如：早安！×××老師，這樣學生才能練習記住你的名字。告訴學生，班上的每位孩子都是獨特且重要的，正因為有他們，今年一定是個很棒的一年。點名時，如果念錯名字的話，請同學指正名字的念法。詢問學生，如果他們希望老師以什麼綽號稱呼學生時，也請告訴老師。如果有新同學的話，請指派一位學生負責照顧他。如果有遲到的同學，要讓他覺得自己仍是受到歡迎的，並讓他盡快融入班上的活動中。

例行工作 在還沒開始上課前，當你想喚回同學的注意力時，請建立一個大家都認可的姿勢。強調這個姿勢的重要性，並請同學們發言前別忘了舉手。這時，如果班上有任何需要收的錢，例如：午餐費或是牛奶費用，請在這時解決。接著進行宣告各州或地方政府課程綱要中所規定的程序活動。建立使用洗手間、飲水機還有削鉛筆的程序，在適當的時候，建立其他事項的標準程序，並練習加強同學的記憶。例如：當你希望同學離開座位時將椅子靠好，請告訴同學們別忘了這麼做，並稱讚做對的同學。

和學生們討論關於班上各個幹部的職責，及如何選出幹部、幹部的任期多久等等，這時可以使用我們在第四章提過的方法來選出班上幹部。

這時也可以選出誰是「本週之星」，你可以從名單中隨機挑選一位同學，告訴學生，當選者的特權與責任有哪些，包括帶領隊伍、裝飾本週之星的布告欄，秀出本週之星的興趣、才能等。

自我介紹　進行一些讓同學們彼此認識的遊戲。有一位老師自己發明的遊戲是「尋人大作戰」，她製作了許多卡片，上面寫了一些指示。每位學生都得到一張卡片。請同學們找出擁有以下特徵的學生：

誰的生日是在這個月　　　　誰穿著新鞋子

誰曾經住在別的國家　　　　誰坐過飛機

誰曾經騎過馬　　　　　　　誰會說兩種以上的語言

誰是新的轉學生　　　　　　誰喜歡蒐集東西

誰坐公車到學校　　　　　　誰有三隻以上的寵物

　　給孩子們五分鐘的時間在教室裡尋找符合條件的同學，規定每位學生的名字只能出現在一張卡片上，所以每位同學的卡片都不能重複。當學生們結束後，回到座位上，請他們介紹卡片上符合條件的每位同學。經過這次的活動之後，同學們相處起來會比較輕鬆。這時，老師可以進行簡單的自我介紹，分享自己的生活，或是請同學們看關於老師的布告欄。

認識教室　和所有學生們一起認識教室。指出材料櫃、掛衣架還有學生及老師的私人置物櫃在哪裡。指出班級圖書區在哪裡，還有作業收集區，及圖畫紙存放在哪裡，且如何發給同學。簡短地告訴學生們，教室的布告欄裝飾將會以學生的創作為主。也可以介紹班上的寵物，或是介紹教室裡的任何特色。

　　有位老師送給班上每位同學一個見面禮——鉛筆盒，並將之與獎勵計畫結合在一起。在鉛筆盒裡，有個蒐集貼紙的區域，小朋友們可以在此貼上個人獎勵的小貼紙，學生們因為自己的努力與表現良好而得到獎勵貼紙。老師並強調這些貼紙和鉛筆盒是只屬於你的。

班規　和同學們討論班規，稍後將之寫在紙上。班規中也包括操場的遊

戲規則。和學生們討論，當學生們發生衝突時該如何解決，並讓學生們知道，衝突將會在班會時提出來討論。告知學生，班會是用來作為計畫與討論的時間，因此每位同學都有提出意見與接受來自班上、老師的評論的機會。向學生們解釋「待議事項」的意義。並開闢一個園地，讓學生們有想討論的事情時，可以寫在上面。決定班會應該多久開一次、哪節課開班會是最好的時機、一週中的哪一天班上同學必須全部到齊。你也可以將上述的事項放在開學日的下午總結。

下課時間 再一次預習消防演習，並下課休息，讓學生們自由活動。確定轉學生與其夥伴一起離開，特別是那些外國學生，再次強調，讓轉學生們覺得自己受到歡迎，是非常重要的一件事。允許孩子們在教室裡做個大大的伸展操，同樣是非常必要的事情。

數學 來個數學小考，然後玩個數學的小遊戲來複習學生們忘記的東西。或是更簡單利用口說問答，這樣能夠更快的知道學生在暑假中忘了多少東西。

閱讀 午餐之前，請同學們念一些關於學校的詩。例如Bobbi Katz撰寫的「From School, Some Suggestions」，收錄在《顛來倒去》（*Upside Down and Inside Out*）（1992）一書中。或是 Kalli Dakos 的童詩書，例如：*If You're Not Here, Please Raise Your Hand: Poems about School*（1990）或是 *Don't Read This Book, Whatever You Do: More Poems about School*（1993）。請同學們寫下關於這本書的讀書心得，藉此評估學生。其他適合這個年紀閱讀的書籍包括：Mike Thaler（1989）撰寫的《來自黑鹽水湖的老師》（*The Teacher from the Black Lagoon*）、Patricia Reilly Giff（1980）的《今天真是糟糕的一天》（*Today Was a Terrible Day*）或是 Judy Finchler（1995）的《Malarkey 小姐不住在第十室》

（*Miss Malarkey Doesn't Live in Room 10*）或是 Kevin Henkes（1996）的
《我的名字Chrysanthemum》（*Chrysanthemum*）及《莉莉的紫色小皮包》。

預習課程／藝術／社會科學　午餐之後，預習課程內容。向學生公布在
接下來的一學年中，何時會進行戶外教學，及其他會進行的趣味活動時
間。如果你計劃有個主題學年的話，那麼不妨在這時提出，像是給予此
主題一個酷炫的名字，例如：「我的旅程」。可以請同學們畫下並分享
自畫像，或是做一個時光膠囊，並在學年結束時，拿出來分享。可以在
時光膠囊裡放入自畫像、指印或是自己寫得最好看的字、自己喜歡的東
西目錄、寫下最喜歡的書名或是電視節目名稱、遊戲或運動、數學成績
及和自己同高的量尺。並寫下在這一年中，最想學習的三樣事情。

總結　和同學們討論今天所發生的事情。詢問學生最喜歡今天的什麼活
動，收回名牌，並預習明天的課程。發給同學應注意事項，如果必要的
話，請翻譯成其他語言。

　　以上的範例，不僅包括了正常的課程，也包含及課外補充活動。因
此在接下來的一週中，可以持續的利用，以閱讀作為第二天的開始，並
評估學生能力。在這段自由閱讀的時間裡，可以加入其他人文學科。將
下午的時間空出來，安排和社會科學有關的活動。你可以每天都增加不
同的新活動，請記得藝術與音樂永遠是孩子們學習社會科學的最大動力。

▓▓ 小學四到六年級 ▓▓

歡迎　引領學生們進入教室，請他們自行決定座位。介紹自己，並點
名，請同學指正名字發音的錯誤。你可以對每個學生提出自己觀察後，
對學生發表看法與評論，讓他們覺得自己是被接受的。分發名牌，並指
派一位同學照顧轉學生。有位老師會利用此時向學生傳達自己的教學理

念,他告訴學生們,今年將會是個非常棒的一年,學習將是件有趣的
事。學生將會進行團隊合作,甚至可以像國中或高中學生一樣,上到其
他老師的課。他並強調每位學生都是獨特且重要的,如果班上活動少了
任何一位同學的話(不管是心理上或是生理上),那麼將會無法進行下
去。

他也再次向學生保證,關於大一點的學生都關心的問題:太多的回
家功課與學校作業太難。

「相信你是什麼,你就會成為什麼。」

——A. Gallardo

他花了很長的一段時間,和學生們討論上述筆記欄的話,並如何將
之與生活結合。在五到六年級之間,你的強調重點將由建立規矩轉移到
和平相處與相互尊重,不過班規仍是以上這些的建立基礎。

期待的行為與規矩　向學生們強調,今年會是學校生涯中最棒的一年,
因為大家都比去年更有經驗、更有智慧了。在這新的一年中,你也許會
有想強調的重點。以下是另外一位老師的範例:

- 我們都是特別的。
- 盡力做到最好。
- 互相勉勵。
- 你是班上不可或缺的一份子。
- 從錯誤中學習。
- 對同學互相尊重。
- 上課時,請專心。

●對於作業有應盡的義務完成。

　　當所有的同學都舉手表示同意以上老師的期待後，接著討論邏輯的後果。讓學生們知道第一次犯錯時，老師可以諒解並原諒，但當錯誤一再發生時，則必須與學生私底下談談；而經常性的犯錯，可以請父母加入協助的行列。向父母強調，只要求合理的懲罰，並避免父母給予不相關的處罰；向學生保證，不會以羞辱的方式或是在大眾面前懲罰他們，並請犯錯的同學給予其他同學及老師同樣的體諒與尊重。以上將會使秩序管理有正面的解決方式。這我們已在第五章討論過了（Nelsen, 1996）。

　　告訴學生，班上的所有衝突都會在班會時提出來討論並解決，解釋班會的目的（解決衝突、計畫、討論）及待議事項的提出程序。告訴學生，班會將會以評論開始，讓學生們學習接受與給予評論。宣布今天什麼時候開班會，並將討論班會的細節程序。

認識學校與例行工作　　收午餐費還有牛奶費用，接著和學生們討論洗手間、飲水機、資源回收等的班規及其他必要的例行工作。指出學生和老師的私人置物櫃在哪裡，讓學生知道補充物在哪裡及如何取得。告訴學生班級圖書區在哪裡，還有其他教材、設備在哪裡。指出班上的一塊空白布告欄，告訴學生們這裡將會以他們的作品來裝飾。抽出本週之星，並指出本週之星的專屬布告欄在哪裡，告訴學生身為本週之星的特權與職責有哪些，包括了可以在布告欄上貼上自己最自豪的照片與作品。如果學生認為他還沒準備好當本週之星時，也可以拒絕。

　　討論班級幹部的職責，與如何挑選幹部出來為班級服務。讓學生們知道，身為班上的一份子，對於班上事務應負有共同的責任。

下課時間　　解散學生，讓學生們下課。如果學生可以遵守秩序的話，就可以給學生一段班級社交時間，讓學生們認識彼此。

預習課程　與學生們瀏覽一次今日的課程，並讓學生們知道當要上其他老師的課程時，該如何安排團體行動，包括作業安排與分數評量。預習課程，並提示今年的學習重點，包括他們即將接觸的新學科與戶外教學。

介紹／語言藝術　你可以使用之前介紹過的任何遊戲，使同學熟稔彼此，或是請同學們介紹彼此。請同學們建議互相可以問什麼問題來認識大家，或是使用之前提過的各式遊戲表格。

數學　也許在午餐之前，你會想測驗一下同學們的數學能力，或者你可以利用學生興趣清單製作統計圖，例如：最喜歡的運動、音樂或是其他活動。預習一些刺激的數學遊戲或是其他需要謹慎思考的遊戲，例如：七巧板，或是教導新數學技巧的維恩圖（Venn diagram）。鄭重宣布，今年的數學課將會非常刺激。

午餐 解散學生。並確保新的轉學生不會只和同伴在一起，鼓勵他多認識新同學。

閱讀 開學日便開始安靜的圖書會，並持續下去。你也可以利用這時間讀書，或是引導新同學如何進行這活動，並給予一張圖書清單。或是你也可以利用這時間，玩一場克漏字填充，或是選擇一首詩或是書，作為今天的閱讀主題。例如：Judith Viorst 撰寫的「If I Were in Charge of the World」，收錄於同名書中（1981），或是 Russell Hoban 撰寫的「Homework」，收錄於 *Egg Thoughts* 一書中（1972）。也可以朗讀一本書，例如：Bill Wallace（1992）的《五年級的笨蛋》（*The Biggest Klutz in Fifth Grade*），或是 Marilyn Singer（1990）的《失去好朋友的二十個方法》（*Twenty Ways to Lose Your Best Friend*）。

社會科學／藝術 以自我認知為主題開始，並進行以下活動：
- 請同學們將自己的名字寫成直排，並以每個字母為開頭，想一個形容自己的詞。並在旁邊貼上自己的照片。例如：Elizabeth。

  Elegant　優雅的

  Lovable　令人喜愛的

  Intelligent　聰慧的

  Zany　幽默的

  Artistic　藝術的

  Beautiful　美麗的

  Energetic　活潑的

  Talkative　健談的

  Happy　快樂的

| 最喜歡的科目 | 描述自己的三個形容詞 |
| 專長 | 興趣 |

圖 9.2　專屬徽章

- 請每位學生畫下自己人生的時間軸。時間點可以是虛擬的。這些將成為裝飾布告欄最好的材料。
- 學生們可以依照圖 9.2 做一張自己的專屬徽章，這同樣是裝飾布告欄最好的材料呢！
- 請同學們做一張拼貼圖畫。剪下雜誌上他們認為最能代表自己的人物圖樣（例如：興趣、才藝、寵物、最喜歡的食物、運動、季節、顏色、動物、娛樂、電視節目、地點等）。

總結　在總結時間也許你想進行班會活動。決定下次班會舉行的時間與頻率，規劃待議事項將會公布在哪裡。接著評量今日同學們的表現並預習明日的課程。指派一份簡單的回家作業，例如：找出自己家族的根源是從哪裡來的，隔天標記在地圖上。解散同學讓他們放學回家，並分發給每位同學一封給父母的信。如果必要的話，請將之翻譯成另一種語言，信上並提及本學期對於學生的期待，與希望家長協助的地方。

▓▓▓ 國中或高中 ▓▓▓

歡迎　請同學們進教室就坐，並在黑板上寫下自己的名字。如果可以的話，請在門上掛個歡迎光臨的牌子。請同學們製作自己的名牌。利用數位相機，拍下同學的照片，可以幫助你記得同學的樣子，並在座位表上貼上縮小後的照片。在黑板上寫下幾項待議事項，並於稍後討論。

行政作業　點名，並確定發音無誤。詢問學生，如果他們希望以綽號或小名稱呼時，該如何稱呼，請同學們傳閱寫下座位表。

自我介紹　使用之前介紹過的任何一樣自我介紹的工具或是遊戲。向學生介紹關於自己的事情，及為什麼對教學感興趣，包括自己的求學經驗與教育理念。讓每位學生傳下去一個「求生背包」，背包內的物品，都有一個特別的意義：

橡皮筋	提醒學生做事要有彈性
橡皮擦	犯錯是可以被原諒的
紙夾	與同學保持聯繫
救生糖果	總會有人支持你的
賀喜牛奶巧克力（Hershey hug）	擁抱你的家人！
薄荷（mint）	提醒你是非常有價值的（worth a mint）
便利貼（sticky note）	無論多辛苦都要撐下去！（stick with it!）
繩子	將繩子繫在手指上，提醒別忘了回家作業
泡麵（noodle）	別忘了用你的腦袋！（Use your noodle!）

老師的期望　向學生表達你對他們的期望，並一起討論不與校規相衝突的班規，並將之貼在布告欄上。告訴學生，犯錯是可以被允許的，但是只有一次的機會。討論犯錯後的懲罰該如何進行。如果時間充裕的話，請學生們進行小組討論，一起擬定班規。你可以利用一小段時間，向學生表達自己對班上的期望與希望立下的班規，並爭取學生的支持。要簡短扼要，建立一個正面的行事風格。與學生討論當作業遲交、補考、缺席等等的應對政策。

例行工作　讓學生知道，每天上學該帶些什麼東西，老師會如何點名，如何做筆記，削鉛筆的程序，廢紙簍使用規定，舉手發言，以及每堂上課時會進行哪些例行工作。

預習課程 告訴學生，在此學年結束後他們將具備什麼能力，以及精通什麼事。讓學生們知道重要科目有哪些，以及評分標準。討論回家作業的型態還有題目。讓每件事都變得具體、簡單，將會對你很有幫助，儘管你認為學生們不屑知道這些枝微末節的東西，但根據以往老師們的經驗：事實並非如此！有些老師會發給學生一張迷你版的課程大綱，就像大學生那樣。在這樣一張紙上，你可以將作業、評分標準及繳交期限，統統在這上面清楚明確的指示。你可以將去年的學生作業拿出來給學生參考，作為評分的標準。

小活動 試著在每節下課前加入一個小活動。例如：討論剛才上課學到的知識，或是寫作力提升——這樣的活動可以激發學生的興趣，也可以讓你得知關於學生的資訊。或是可以來個刺激的示範演練，不管是什麼活動，請務必引起學生的注意力。對於剛才立下的班規，加強學生的印象，包括舉手發言、離開座位、傾聽等等。請參閱 204 頁的教師筆記欄，對於不同目的的活動為你提供了意見。

總結 設定鬧鐘，提醒你做總結的時間要到了。讓學生們知道你放學的程序，這樣才不會造成大混亂。請學生收拾東西，清理桌面並等候老師放學的指示。放學前，提醒學生隔天要帶的東西，給學生一個小作業，並於隔天繳交，測驗學生對你的話認真程度有多少。放學的同時，別忘了告訴學生，今天和他們的相處有多愉快，還有隔天上課的重點是什麼。Emmer、Evertson 與 Worsham（2002）建議新進老師們，第二天上課時再一次複習昨天的所有程序及班規，加強學生的印象，並讓新來的同學能很快適應環境。

最後，該你上場了

　　經過以上的敘述提供你參考後，現在輪到你上場囉！從現在到你正式上場前，準備觀察專家們怎麼做。如果不可行，那麼就進行你自己的調查，詢問你遇見的每個人開學日都做些什麼。遵循本章提醒你的法則，來幫助你記得開學日的關鍵要點。唯一可以確定的，那就是在開學日時一定會忘記某些事，請記得接下來還有大概179天的日子，可以讓你提醒學生你在開學日忘記告訴他們的。不過如果你現在開始整理一張清單，列出所有你想傳達給學生的事情，你甚至可以做得比那些專家還要好。現在，你可以開始列出那些願意幫你把「給家長的一封信」譯成外文的人了。

　　你現在可以利用工作單9.2「開學日活動計畫」，嘗試規劃開學日活動清單，安排自己的活動。寫完活動清單後，再利用那十項指引守則，評估你所設計的活動。用工作單9.3「評量我的開學日計畫」的問題來自我檢測，如果你無法回答，那麼就再重新做一次吧！等到你覺得一切都沒問題了，再利用工作單9.4「開學週行事曆」，想想還有什麼事情忘記做了。

　　一旦你建立了自己的開學日模式，那麼之後的每天對你而言應該就很輕鬆了。每天增加一點活動的廣度和深度，直到它成為豐富學生生活的計畫。如果你在職前階段使用本書，切記你的計畫在開學日前可能有所改變，但必須有一個成功的開學日計畫。最後，在開學前尚有一段時間，使用工作單9.5「開學日工作目錄」再次檢核要準備的事務。現在開始行動吧！

Reflection Box
反思欄

本章有任何改變我的想法嗎？

我仍有的問題是……

Reflection Box
反思欄

在我任教的第一年，我實際採用哪些策略？

延伸閱讀

Brovero, M. (2000). Tips for first-year teachers . . . and veteran teachers, too, before you un-lock the door. *Teaching K–8, 31*(1) 78–79.

Janko, E. (2002). The rookie year. *Teacher Magazine, 13*(08) 40–41.

Schell, L., & Burden, P. (1992). *Countdown to the first day*. NEA checklist series. Washington, DC: National Education Association.

兒童開學日相關讀物

Henkes, K. (2000). *Wemberly worried*. New York: Greenwillow Books.

Lewis, E. B. (2001) *Little Cliff's first day of school*. New York: Dial Books.

McDonald, M. (1999). *Judy Moody*. Cambridge, MA: Candlewick Press.

Poydar, N. (1999). *First day, hooray!* New York: Holiday House.

Wells, R. (2000). *Emily's first 100 days of school*. New York: Hyperion Books.

其他推薦童書

Baer, E. (1990). *This is the way we go to school*. New York: Scholastic.
Cazet, D. (1990). *Never spit on your shoes*. New York: Orchard Books.
Cohen, M. (1967). *Will I have a friend?* New York: Macmillan.
Dakos, K. (1990). *If you're not here, please raise your hand: Poems about school*. New York: Four Winds Press.
Dakos, K. (1993). *Don't read this book, whatever you do: More poems about school*. New York: Four Winds Press.
Finchler, J. (1995). *Miss Malarkey doesn't live in room 10*. New York: Walker and Company.
Fisher, A. (1991). *Always wondering*. New York: HarperCollins.
Giff, P. (1980). *Today was a terrible day*. New York: Viking Press.
Henkes, K. (1996). *Chrysanthemum* (paperback). New York: Mulberry Books.
Henkes, K. (1996). *Lily's purple plastic purse*. New York: Greenwillow Books.
Hoban, R. (1972). *Egg thoughts and other Frances songs*. New York: HarperCollins.
Katz, B. (1992). *Upside down and inside out: Poems for all your pockets*. Honesdale, PA: Boyds Mills.
Singer, M. (1990). *Twenty ways to lose your best friend*. New York: HarperCollins.
Stoeke, J. (1996). *Minerva Louise at school*. New York: Dutton.
Thaler, M. (1989). *The teacher from the black lagoon*. New York: Scholastic.
Viorst, J. (1981). *If I were in charge of the world and other worries*. New York: Atheneum.
Wallace, B. (1992). *The biggest klutz in fifth grade*. New York: Holiday House.

參考文獻

Evertson, C. M., & Worsham, M. E. (2002). *Classroom management for secondary teachers* (6th ed.). Boston: Allyn and Bacon.
Kottler, E., Kottler, J., & Kottler, C. (1998). *Secrets for secondary school teachers: How to succeed in your first year*. Thousand Oaks, CA: Corwin Press.

均衡的專業生活

我認為……

反思我的教學……

我的專業職責……

我的專業發展計畫……

時間管理……

壓力管理……

A Note from the Teacher
教師筆記欄

從我退休到現在 2005 年，已經有兩年多了，但我始終認為時間才不到一半。因為每當我憶及此，我還是非常想念那群孩子們，我該怎麼做呢？教書是我的生命呀！

——E. Ramsey

學生、小毛頭、門徒、孩子、年輕人、學習者，這些占據了你所有的思考空間，而你應該早已經想好一大堆計畫來豐富這些孩子們的學習生涯。那麼你如何給「你自己」一個充實、豐富的生活呢？從第一章到第九章都是在告訴你，你能為孩子做些什麼？而本章則是要告訴你，能為「自己」做些什麼！此一章節，將成為你通往未來、私人生活與工作

平衡的指標與地圖。其關鍵在於：反思、專業發展、恢復精力、自我寬恕。成功的教學生涯來自於私人與專業生活的平衡。

反思

Moir 和 Stobbe（1995）及同事們，在一項加州初任教師計畫中，提出了五個關於初任教師會體驗到的面向。首先，是「期待階段」（Anticipation Phase），在一切都還未知的時候，對於自己理解到的事情會非常興奮，例如：你知道自己再也不用在超級市場當收銀員了。緊接著是「存活階段」（Survival Phase），你很高興終於能將頭浮出水面了。但接著是如同字面上說的「幻想破滅階段」（Disillusionment Phase），然後是「恢復精力階段」（Rejuvenation Phase），休息一陣子，通常是一段長假。之後經過「反思階段」（Reflection Phase），下一學年又再次回到「期待階段」，一切又重頭開始循環。

根據 Grant 和 Zeichner（1984）的研究，你將會面臨到最重要的問題是，你要不要當一個反思型教師。何為反思型教師？根據John Dewey的解釋，反思型教師的定義就是拒絕一成不變！Grant 和 Zeichner（1984）則建議成為反思型教師必備的三種態度。反思型教師具有「開放的胸襟」（open-mindedness），是願意思考，甚至承認自己的錯誤的；「責任感」（responsibility），願意為自己的行為負責任；「全心全意」（wholeheartedness），有教無類地接受每位學生。反思型教師會謹慎思考自己的行為，並為自己的行為負責。對於教學是全心全意的付出與熱情，以開放的態度面對變化。一旦決定成為一位反思型的教師後，第一步該做的是什麼呢？

Berlak 和 Berlak（1981）建議你可以先從檢視自己的信念（關於教學方式、學生、紀律）及自己的行為模式開始。沿著記憶，回溯影響自

己信念的來源，是自己兒時對老師記憶的反射嗎？下一步，構想其他可替代的行為模式，並思考其造成的後果。當你經過深思熟慮地改變自己的行為時，和你的同事聊聊，將自己的信念、行為與其他人做比較。最後一步是綜合反思後的想法，並付諸行動，藉由發問、討論，擴展你的專業知識，並保持下去。

Clark（1989）將以上步驟化為具體的自我發展的七點實踐計畫，在表的最上方，寫下自己關於教學的座右銘。他建議你做一張自己的教學主張，然後你就可以開始進行工作單 10.1「我的教學主張」。寫下你對於教學、學習還有學生的看法，然後在第一年教學時，隨時拿出來看，並讓這張表格隨著你的想法成長而重新編寫。也許有新增的想法，也許有淘汰的想法，或是重新修正過的想法。將以上的想法彙集成一本工作日誌或是筆記本。

Clark（1989）也曾大力倡導，認清自己的優點，放棄想讓每件事都做得完美的想法。對自己做的每件事心存疑惑，並思考其他可能的作法，然後你會對其結果感到驚訝。他建議你做個五年的計畫表，寫下在這五年中，你希望完成的目標及完成目標的所需資源（家長、同事、當地業者、專業組織）。當你反思時，Clark 建議找個好好愛自己、尊重自己的方法。吹響你的號角，並掌握每個機會（會議、專業檔案、影帶、發表），來展示你的專業。

你可以透過具體的科技，例如：錄影或錄音來幫助你反思自己的行為。學生們會給你最真誠、有用的回饋。有個老師請他的學生在六月的時候寫下他認為學期中最棒的三件事情，並在下一次開學的時候，拿出來再看一次，鼓勵自己。另一位老師則請目前的班級寫下這一學年的經驗，等到下次開學時，拿給新的班級看。你也可以製作一張問卷，以不記名的方式調查這一學年學生對於你的看法；或以開放式的問法，例如下列所舉，將可以提供你下一次教學的動力：

- 這學年最棒的三件事情是……
- 我最喜歡的三個學科是……
- 介紹老師的五個形容詞……
- 如果這學年有……將會更好
- 如果我能改變班規……
- 如果我能改變課程表……
- 我們可以多利用……
- 我們可以少利用……
- 最喜歡的學科／話題是……
- 最無聊的學科／話題是……

　　有位老師請學生在期末時繳交一份報告卡。其中的問題設計與目錄都是學生自己選擇的。這可使老師在反思方面，得到更多資料來源。

　　同儕教練或正式的討論，可以幫助你好好思考自己的實踐計畫。Kent（1993）曾推動「以學校為基礎的合作反思計畫」，可以使校內老師對於提升自我專業能力變得更積極主動。當校內老師以開放的態度來討論理論上與實際應用上的衝突時，並學習發表自己的意見時，他們會變得更親切、更有力量，並在心智成長上互相激勵。

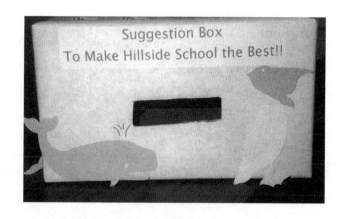

有一個最簡單的反思方法是寫工作日誌或日記，每天寫下你的信念、成就、問題及你今天反思後的結果。工作單10.2「今日的成就」，可以幫助你專注於每日的成就。將這張表格放在你的書桌抽屜裡，並要求自己每日寫下至少三件成功的事。當你遇到挫折時，就將這表格拿出來再看一次，這將會幫助你重建信心。

Katz（1990）建議你，如果你想當一個「終身學習的教師」，那麼請記得，世上沒有什麼零錯誤、完美的決定。她鼓勵你利用自己的判斷力，做最小錯誤的決定，對自己做的決定要有信心。永遠不要把別人的觀點看得比自己的想法還重要。

學校裡的專業

當提到初任教師最需要什麼專業意見時，有人說：「放個睡袋在櫃子裡吧！」事實上，你不需要花費一整天待在學校裡。想在第一年開學得到成功的話，只需要認真工作，並在校內外皆保持專業水準。

老師們最後強調的建議是：最重要的是與同事及職員建立和保持良好的專業關係。他們認為當你與同事們的關係是正向的時候，學校生活將會變得更愉悅與豐富。他們鼓勵初任教師多問問題，並和同事們分享關於課程的經驗與想法，試著拜訪其他班級，觀察其他老師上課方式，也請你以開放的態度，與其他同事分享。打破自己的藩籬，大膽將脆弱的地方表現出來，因為良好的同事關係將會讓一切變得不同。如果你善加利用，巨大的支持網絡，將會為你提供支援。

與同事、校長、工友建立起良好的共事關係，是給你的最後一個意見。上述每一位都可以提供你支持，當你需要的時候，可以詢問誰能提供適當的幫助，幫你省下許多的時間與精力。此外，學校是個社交場所，當你成為他們的一份子，將會比當個局外人開心多了。

參加校內大小的活動，例如：宴會、午餐會、親師會議及學校的舞會。你的社交生活肯定不只是繞著新朋友打轉，更能感受到同事對你的接受與歡迎。

跟上行政作業

當你對於行政作業與紀錄程序愈小心時，之後造成的混亂就愈小，額外的紀錄作業就會愈輕鬆。許多老師曾表示，學校裡最令他們沮喪的就是面對沒完沒了的行政作業了。以下是幾項讓你減輕行政事務壓力的方法。

學校公文

你的部門肯定會要求你做許多特定的紀錄工作，如何全盤掌握是一大挑戰。當你看著辦公桌上成疊尚未處理的文件，有好多次你會想要請個祕書或是圖書管理員。學校裡的官僚作風，就像所有的官僚政治一樣，幾乎不遺餘力的格式化。我甚至沒法將所有你的部門會遇到的公文都列出來；就算我可以，我也不想讓你在這一章節嚇跑呢！一笑置之並忍受它。公文總是隨著工作而來！你可以從教師會議中認識各種表格，有些學校會安排其他老師幫助你熟悉學校的公文作業。

試著每天（最好是早上到學校前）留一段時間來填寫任何所需表格、整合報告或信件，做你的報告卡，或是其他類似的雜事。利用一張超大型月曆，記下所有公文或報告的截止日期，這樣你才可以提早準備。在月曆下方，寫下你必須追蹤的公文紀錄。

成績冊與點名冊 你對於學生的評論與紀錄都會保留在成績冊上，直到正式的點名單出來後，才會轉記到上面。出席紀錄請務必留存起來，因為這些是合法文件。成績冊上的每一頁都有空白欄位讓你記錄學生的名

字、出席紀錄、考試成績、作業成績。最好將出席紀錄與學科分成兩個頁面。你可以將學生名條複印，這樣就可以節省時間。這些表單可作為日後有需要時使用，例如：戶外教學，點算人數時、記錄繳交午餐費用人數、控管班上出席狀況時。

計畫書／課程計畫　實際上，每間學校對於課程計畫書都有特定的格式與長度。有的學校會要求你每個禮拜更新一次課程計畫書，有些是半個月一次，有些學校則完全不要求。幾乎所有的學區，學校都會要求老師將計畫書留在學校，一旦有緊急狀況時，代課老師就能很快的熟悉班級狀況。請找出你任職的學校或地區相關政策。身為一位初任老師，當課程計畫書的格式和你之前用的不一樣時，你可以尋求同事的幫助。請記得，課程計畫書能夠反映你的教學績效，校長也能從中判定你的表現。跟著學校規矩走，擬出符合學校規定格式的課程計畫書，並按時繳交。

家長會議紀錄　將所有與家長面談的細節，包括：學生姓名、日期、時間，還有關於面談的理由、面談大綱作一個紀錄，才是明智的作法。甚至是所有和家長通電話的紀錄，同樣記錄下時間、日期及通話的緣由與結論。你可以給每位學生安排一張 5×8 吋的卡片，用以記錄每通電話內容。或是更簡單，用活頁本裡的工作單來記錄每位學生的所有事情。

　　通常也建議你將學生家長的回應記錄下來，不管是多麼微不足道的事情。防範於未然，如此你可以避免許多誤會，有事情發生時，你只要拿出你的通訊紀錄作為證據就好了。

精熟度或標準檢核表　對於老師來說，保持精準及更新的資料是非常重要的。事實上，這些資料通常是用來判斷你是否能升等的重要關鍵。就算在你的部門裡，它不是那麼的重要，但使用標準檢核表，可以幫助你對這個年級所需要的技能、概念得到更多的指示。此外，使用檢核表和

精熟度清單時，能夠使你專注於某些特定的、尚未達到標準或完成的個體。最後，將這份資料向學生家長報告，由於你可以舉出標準為何，哪些學生已經達成了，而哪些學生尚未達成。當你列一張家長在家裡可以協助的清單時，便能更容易與家長溝通。

學生作業簿　在你安排任何你必須花時間打分數的作業前，你應先思考下列問題：

- 我為什麼要出這個作業？它能讓我知道學生們的學習成果嗎？
- 這是一個標準化作業，還是只是類似其他作業的不同版本而已？
- 作業會不會太多了？
- 我能不能藉由其他更簡短的作業，得到一樣多的資訊？
- 這個作業真的有意義嗎？還是只是浪費時間？
- 同班同學們可以幫忙打分數嗎？
- 這份作業需要打分數嗎？還是只要評語就好了？
- 這個知識或是技能可以透過發表來評分嗎？或是全班一起回答就好了？
- 我可以利用計分卡來打分數嗎？
- 這份作業我可以直接用 A$^+$、A 或是 A$^-$ 來評分嗎？
- 這份作業對於學生的學習而言，真的必要嗎？

　　如果你決定出這份作業，那麼你可以將大型計畫分成許多不同步驟，正如 Steele（2002）及 Emmer、Evertson 和 Worsham（2002）所建議，你可以分成小組，讓學生們幫你改作業，這樣你就能更專注於實質內容上。請學生用不同顏色的鉛筆簽名，而這些幫你審閱作業的學生則可以得到獎勵。

　　為了避免你下班時得抱著一堆學生作業回家，你可以採用下列建議：

- 當學生們寫完作業時,請他們將作業放在自己書桌的右上方。你便可以巡視他們的作業了。

- 請學生們互相交換或批改自己的作業。

- 利用手勢、集體回答、閃視卡,來檢視了解程度。而不是請學生們一一寫下答案。

- 幫每位孩子做一張回答卡,及油性筆和板擦。請學生回答時,只要舉起自己的牌子就好了。或是如果每位學生都有自己的小白板就更方便了。磁磚及油性筆也有同樣的效果。

- 利用實物投影機或單槍投影機完整或逐一播放練習題範例的答案。

- 辨識哪些技能是不需要透過多重範例來測驗學生。如果題目有25題,那麼就減半吧。或是請學生們做單數題或是最後十題就好了。如果你是請學生們做完全部的題目,那麼當你在做抽樣檢查時,會有更公平的想法。

- 在重點的投影片提供答案,但最後的五個範例則不提供解答。看孩子們是單純的將答案抄下來,還是他們真的完全理解了。

- 徵求父母志工或是助手來幫你打分數。

- 需注意的是,不是所有的作業都需要謹慎檢查,也不是所有的作業都要歸還給學生。你可以看作業裡有哪些是容易犯的錯誤,並將它放在公告上,告知班上同學。

- 多利用口試代替過多的書寫作業。

- 另一個由 Cochran（1989）所建議的好點子,是請學生們自己動手做工作單,並把它折成八分之一大小。在不同的框框裡,請學生們寫下今天學了什麼。例如:他們可以在第一個格子裡畫上一隻哺乳動物,在第二個格子裡寫下三個名詞,並在第三格的地方另外解決一個問題。只要檢查這三個空格,你就可以測驗三年級

同學的三個科目了！你在家也不必花太多時間在批改分數上。

●一位老師建議你可以請學生們在課本的右方，畫一個答案欄，這樣教師就可以快速地瀏覽檢查答案了。

●在時限內歸還學生的作業，以避免被成堆的紙本壓垮。

專業發展

盡可能多閱讀關於教學、學習、班級與管理課程的文章。有些教師會建議你可以訂閱一些主題雜誌。在本章的最後，有一些學校期刊可供你參考。

進修教育

你的州政府法律也許會要求你繼續進修。前輩們建議你先通過最低要求學分課程，且不是在你教學的第一個學期裡做這件事。由於你的學區會要求初任教師參與社區服務及會議，而這會在開學的前幾個月耗費你大部分的時間，你可不想超載自己的能力吧！

在第一年教學時，最好也不要開始你的念書計畫。不過，修習一些課程的確會使你在實際教學上有不一樣的想法與觀點。以日常生活會用到的知識作為修習課程的前提，才會讓這些課程變成有用的東西，而不是你該盡的義務。也許你也會想學一些你班上外籍學生所講的第二外語，在圖書館或書店，你都可以取得外語學習的錄音帶等資源。而學習第二外語，能夠使你與學生的溝通更加有效率。這份想學習的心，不管受到外在多大的限制，家長及學生們都會非常歡迎你的。你也可以考慮延伸課程，例如：增強讀寫的 100 種方法（也可以是創造力或是科學等等），或是如何布置布告欄、使用科技。當然，你也可以進行一些純粹為了好玩的活動，像我之前做過的「如何照顧你的蜥蜴」。

■ 教學檔案 ■

　　如同你的學生一樣，你也會成長。而成長過程也會反應在你的教學檔案裡。Bozzone（1994）建議你也可以開始建立自己的教學檔案。這可幫助你，給你最直接的證據，看到自己的進步，同時也記錄了那些好日子、壞日子。你可以在教學檔案裡附上學生的作品、表演影片，或是特殊的布告欄及展示。你也可以附上你的長官給你的評價與觀察心得、來自學生家長的信件、來自學生的紙條、曾經上過的課程單元、特殊的教學計畫、曾經閱讀過的專業書籍與文章清單、委員會的紀事與議程、曾參與過的社區服務與會議清單。隨著時間流逝，你將會發現你正在成長進步。你可以與你的同事、輔導老師、長官和家長分享你的教學檔案。

　　幾年後，你也許會考慮申請國家專業教學委員會標準中心（National Board for Professional Teaching Standards）所頒發的國家證明（National Board Certification）（www.nbpts.org）。除了他們會頒予你全國通用的證書及獎助金外，更重要的是它代表了你的成就。蒐集你的教學成果永遠不嫌晚。

■ 專業組織與期刊 ■

　　請你參加社區或是地區性的國家專業組織，閱讀他們所出版的專業期刊。本章後面附有地址，這些當地協調會提供會議與社區服務的機會。你也許會需要上台報告，故請隨身攜帶自己的名片，可於進修會議時遞交給學生家長或同事們。而你的職業？將**老師**兩個字用粗黑字表現。利用工作單 10.3 「專業進修日誌」，將你所參與過的活動都記錄下來。

時間管理

　　你一定聽過「時間就是金錢」，某些第一年剛開始教書的老師，會想要拿了錢就跑，但大部分的初任教師則是偏向於抱怨自己的時間總是不夠用。這些睡眠時間不足的初任教師得看看左邊這張圖片（圖 10.1）。請想想看你希望上面的墓誌銘是什麼，這將反映你的教學動機。你想把自己變成一個工作狂嗎？你是否希望每節課都有一個好動機好讓你不用繼續上課呢？以上這些問題，只有在你回歸現實面後，才能以開放的心胸去聽從建議，面對這些壓力。也許得到一句「他每天都盡力做到最好了」，在第一年教學裡已經足夠了。

Suzy 長眠於此
她批改了所有試卷

圖 10.1　一位教師的墓誌銘

　　要管理好時間，首先要考量的事情就是確定你在學校及家裡沒有浪費掉任何寶貴的時間。圖 10.2 是張行程表，

我的一天／學校的一天	
6:00 A.M.	_____
6:30 A.M.	_____
7:00 A.M.	_____
7:30 A.M.	_____
8:00 A.M.	到校
8:30 A.M.	
3:00 P.M.	↓ 離校
11:00 P.M.	↓ 私人時間

圖 10.2　我如何節省時間？

你可以每天花十五到三十分鐘的時間，檢查你在學校及家裡做了哪些事情。找個正常的一天做紀錄，且要對自己誠實！你有沒有花了一個鐘頭的時間找你的朋友講電話尋求幫助？你是否浪費時間在吃點心上呢？你是否看連續劇的重播超過兩個鐘頭以上？你是否心不在焉的餵食你的貓咪，一方面又擔心桌子會被公文淹沒？你能不能在放學後多騰出半個鐘頭來打分數和整理你凌亂的桌子？你可以每天都挪出一個半鐘頭的時間做運動嗎？

■ 在學校裡節省時間 ■

Shalaway（1998）建議你讓學生保持忙碌，減少他們在課堂上社交的時間，可幫助你增加學生學習的機會。她更指出，過渡期更該有效率，並盡早使它轉為例行公事，以增加教學的時間。另外一個建議是，你可以在門把掛上「請勿打擾」的牌子，以避免上課時不必要的中斷。最後，她建議你可以將某些教學作為指派的回家功課。在你的記事白板上，貼上待辦事項清單或是便利貼，也可使用第四章提過的計時器來提醒自己。這將會幫助你多節省一些時間，而少一點抱怨。

■ 在家裡節省時間 ■

在家裡你可以下列基本步驟來節省一些時間。多留一點時間睡覺、運動、準備健康的食物，而不是仰賴速食和外帶餐點，重新認識你的家人和朋友，或只是純粹留點時間給自己：

1. 為自己的生活平衡負責。
2. 決定什麼對你才是最重要的。
3. 將事情排列優先順序與事先計畫（在第一年教學裡，你可以請家人負責規劃家庭聚會與感恩節晚餐）。
4. 列一張待辦事項清單並適時找工讀生幫忙。

5.克服障礙：完美主義、拖拖拉拉、優柔寡斷、別人的打擾。

6.避免混亂喧鬧。

7.整理你的工作空間。

8.使用科技。

壓力及讓自己恢復精力

　　已經有太多的文章討論到關於教師倦怠（burnout）及壓力的議題！每當我聽到我的學生老師們抱怨著他們快要倦怠了，我總會忍不住輕笑著跟他們說，他們甚至還沒開始呢！能夠說出這句話的人，應該至少是有一張教師證書的！

　　Wangberg（1984）指出倦怠的定義應為：對於自己的情緒毫無反應、否定自己及認為自己是失敗的。以社會層面來看，造成的原因包括：低尊嚴及教學上的低回饋；以制度層面來看，包括所擔負的責任日趨上升、與社會大眾切斷關係、缺乏自己做決定的權利、缺乏自主權及學校貧乏的工作環境。個人的因素包括：個人選擇的健康狀況（例如：抽菸及飲酒）、忽略自己的情緒需求如快樂，及對於自己想成為「超級老師」的迷思。

■■ 釋放來自社會層面的壓力 ■■

　　在你的社區及國家，雖然對於收入你沒有辦法做什麼改變。但是你可以改變他人對於教師的尊重。Landsmann（1988）曾經提到，只要掀起幾波海浪，就能讓整片海洋改變。她建議，呈現你身為教師的職責與權力，不讓任何人破壞你的專業形象。她更鼓勵教師們學習如何推銷自己。例如：在公共事務的會議上，多發表演說、吸引大眾的注意力，包括在社區報紙報告學校的活動及發生了什麼新鮮事。

　　如何行銷你的專業？盡你的能力，當個最好的老師。列一張表，寫出你的優點及想改善的地方，先向自己行銷。接著，你便更能夠向周遭展現出你的優點了。家長會是你最佳的夥伴，只要你伸出雙手支援他們，他們便會是你在社區中的最佳宣傳利器。在社區報紙上發表文章，或在社區電視上露面，談論如何透過回家作業幫助孩子們成長，或是你也可以開始課後輔導計畫。與其他教師腦力激盪，一起想出如何建立教師的專業形象，並向社區民眾推廣。無論大眾怎麼想，都別忘了，你正在從事的「關鍵」工作，是為了讓孩子們有更不一樣的人生。

■ 釋放來自學校的壓力 ■

　　在學校裡從學校本位管理到教師賦權增能運動開花結果前，對你而言，最好的方法就是在你的職責範圍內，學習掌握你付出努力的程度。你可以做的是，在以下這些壓力來源中（像是責任感、孤立感及貧乏的工作環境中），盡力去改善它們。

　　為你自己及學生設定符合現實的期望。謹慎及隨時更新，和家長們及上司溝通你的教學計畫進度，無論是班級事務或是學生個人案例。以全面性的觀點審視孩子們，要記得的是，考試分數只是其中一個面向而不是全部。當你覺得沮喪時，問問自己：孩子們一開始是如何？而現在孩子們又成長得如何？以自信的態度，反思自己的教學計畫。

　　面對孤立感這個問題，你可以透過與學校同事建立關係，並對自己承諾，不管工作多麼忙碌，也要利用午餐及下課時間與他人互動。你必須走出你的教室，與他人相處。建立一個午餐時間的散步團體，或是改變固定行程，到外面用餐，與其他老師一起作伴、一起計畫、一起慢跑等。或與其他新進教師組成一個支持團體，並固定在午餐時間或是在某位同事家裡聚會。只要離開教室參與社交活動就對了！與你的輔導老師或是夥伴建立常態性的接觸，也可以用最簡單的方式，找個你在學校裡

聊得來的朋友聊一聊！

雖然對於一些事情你無能為力，例如：教師休息室太少、剝落的油漆或是設計醜陋的家具等。你唯一可以做的就是盡量設法改善你的教學環境，讓它成為一個你願意住在裡面，或是願意一天待上八個小時的空間。多花心思在布置、家具擺設、布告欄設計等，並擺上一些屬於個人的東西，例如：小沙發、檯燈或是一張舒服的豆袋椅。有時藉著打掃、重新裝潢去改善你的環境，丟掉那些已經破舊不堪或是已經沒有用處的東西。在工作時間放些輕鬆的音樂，教室環境是教師每天來到學校對於學校觀感的一個重要關鍵，你的教室能反映出你，同樣地，學生也是如此。

打破常規，來個「相反日」。可以將課程倒過來上，也可以請大家將衣服反過來穿。或是來個主題日，例如：閱讀日、瘋狂帽子日、拖鞋日、學生教學日、分享寶物或是寵物日、顏色日等。你可以做一些童稚的事，像是與孩子們跳繩、下課時間和他們打籃球，和孩子們玩飛盤，或是無預警地帶孩子們在春天的開學日到校外踏青。設計新的活動，像是窗台花園或是班刊，和孩子們一起料理等等，像這類打破例行工作的活動可說不勝枚舉。

Bozzone（1995）建議你每天抽出幾分鐘，做自己的放鬆（relax）與再充電（recharge）儀式，包括了深呼吸、簡單的拉筋活動，或是利用下課幾分鐘進行冥想，調節呼吸節奏，帶領你的心靈到一個和平、安祥、你曾經去過或是一直都很想去的地方旅行。也許在大溪地幾分鐘，或是漫步在森林裡，以上都可以幫助心靈維持良好的健康狀態。

釋放來自個人的壓力

壞消息是，許多老師給自己的時間，不如他們給予學生的時間。他們為自己設定了不切實際的理想，也不太關心自己的健康。而好消息

是，你可以透過各式各樣的方法讓自己好過一些，只要對自己好一點就行了。

A Note from the Teacher

教師筆記欄

　　許多新進老師總是將任何醒著的時間都用於跟學校有關的事情上，例如：課程計畫、打分數、準備教材等。事實上，你必須每個禮拜空出一天留給你自己也給你的家人，而不是把每天都奉獻給工作。我喜歡在泡澡時點一根蠟燭，啜飲杯蘋果酒，就算只有二十分鐘，也會讓我覺得我又重新活過來了。

——B. Monroe

　　每個人都有善待自己的方式，你可以列一張自我放鬆方式的表格，把它貼在你的鏡子上，隨時提醒自己要記得放鬆。心理與生理的健康一樣重要，而你一定要找機會對自己好一點。以下是其他老師們建議你放鬆自己，讓自己恢復精力的方法：

- 計劃週末旅行（或只是在家裡冬眠）。
- 買花送給自己。
- 閱讀一本自己從來沒時間看的書。
- 陪你的寵物玩耍。
- 買新衣服給自己。
- 獨處。
- 散步。
- 做菜。
- 聽音樂。
- 上健身房。
- 臉部按摩。

- 打掃。

- 在下班後,和不是當老師的朋友出去走走;否則,你就會變成連晚餐時間也在談論工作上的事情了。

- 固定的日常作息。

- 培養新的興趣,像是剪貼、騎馬或是打高爾夫。

- 旅行,並和班上同學分享你的經驗。藉由改變,來讓自己恢復精力(Kottler, Kottler, & Kottler, 1998)。

- 找個保母。

- 寫日記。

- 下棋。

圖 10.3 舉出釋放壓力的主要方法。

對你而言,也許是看場電影或是一場運動盛會、足部按摩或是一次小出遊,或是和朋友們共進晚餐。關於家事的分配,你可以再和家人們協商。學校也有讓老師們消耗體力的方法,尤其是新進教師們,因此你自己要做好優先順序的調配。在學校與家庭之間,給自己幾分鐘來放鬆發條,調適心情。盡量將紙本的工作在學校完成,甚至是乾脆下班後繼續留在辦公室裡完成它。你可不希望每晚在家裡都要被這些工作困擾!擬定一個行程表,每週預留幾個晚上給自己,就算是你第一年教學也沒關係。並使用

圖 10.3 壓力剋星

我們在本章中提到快速打分數的方法。

如果你都是在最後一天才開始計畫下週課程時，那麼禮拜天一定是你壓力最大的時候了！事實上，你可以將這個工作分成好幾天進行，這樣你就可以將禮拜天留給自己來從事自己的興趣，或者和家人相處，或是好好補眠吧！

來自健康的壓力可以透過適當的運動、營養、醫療幫助或是補充維他命等各種方法來面對。如果你習慣飲酒或是抽菸，或是你根本睡眠時間不足或運動量不夠，這些都會危害你的健康，進而影響到你的班級。在本章節的最後有許多參考書目，包括如何減輕壓力及如何面對你每個晚上都會煩惱的：「如果我……」、「我做不到……」。

「超級教師症候群」的迷思，容易讓初任教師不清楚自己的職責與自己能做到的程度。你會把這個迷思視為完美主義，將合作轉變為競爭關係，而迫使新進教師顫抖地自我宣告失敗。事實上，我們都會犯錯。你可以由經驗中學習，或是讓自己被麻痺了。以上這些，對於想要追求完美、想要當個超級教師的你可由下列態度取代，以下為其他有經驗的教師所給予的經驗談，請你每天看十次：

教師筆記欄 *A Note from the Teacher*

> 我會原諒自己的錯誤，如同我寬恕學生的錯誤。
>
> 我會面對現實，而不會困在錯誤當中。
>
> 一切都會沒事的。
>
> 每件事都是學習的經驗。
>
> 這時候這樣似乎是最好的解決方式。
>
> 錯誤是學習的機會。
>
> 每天我都會盡力，因此我不擔心結果。

許多的教師都給予初任教師一個忠告，就是教學生涯的第一年是學習的延伸，多往好處看，將會減少你的疑慮。所有的老師們都同意，總會有好的時候也會有不好的時候，但最重要的是要原諒自己的錯誤。別妄想在開學的第一週，就將所有你在師資培育課程中學到的東西運用到課堂上。放輕鬆吧！船到橋頭自然直，在最初時，別想著什麼事情都要管，否則你會把你自己累壞的。

另外一個面對壓力及挫折的方法就是，當你發現自己想的和事實不一樣時，要保持彈性。有人說：「別抱怨，將危機視為轉機。」

工作單 10.4「放鬆月曆」，是一個自我放鬆的空白表格。你可以將之複印，記錄所有你用來放鬆自己的方法。事實上，學生仰賴你健康的心理超乎你的想像。

教師筆記欄 *A Note from the Teacher*

　　如果你問一個人，不管他年紀多寡：「誰是你最喜歡的老師？」他們在回答你時，一定是帶著笑意的。這下你知道身為老師，對於學生有多麼重要了吧！而如果你讓他們有個收穫豐富的一年，也許將來你也會成為學生最喜歡的老師。

——R. Melcher

教師筆記欄 *A Note from the Teacher*

　　從現在開始，也許你沒辦法記得每位學生，但他們一定會記得你！

——K.T. Gates

最後的叮嚀

　　所有該說的、該做的都做了，但感覺上好像還是意猶未盡！這本書能幫助你跨出教書生涯的門檻，你的教學經驗將會塑造日後的你。每年你將會不斷的成長與學習，教學是個動力式的互動，你和學生將會互相影響對方的生命。讓孩子們引導你成長，如同你指引他們的人生一樣。整合這本書及其他書給你的意見，包括來自同事們的建議及你在課堂上學到的東西，並去蕪存菁地將之運用在你的教學上。最後，你要試著相信自己，且從諸多建議中內化成你的教學風格。專業成長是無止盡的且沒有捷徑，只要你還身為老師，你就不能停止學習。傾聽、學習、提問，最後，在教學的第一年及之後，你的專業教學風格將會日漸浮現，同時你會找到自己的方向。

Reflection Box
反思欄

本章有任何改變我的想法嗎？

我仍有的問題是……

Reflection Box
反思欄

在我任教的第一年，我實際採用哪些策略？

延伸閱讀

Fisher, B. (2000). *Teacher book: Finding personal and professional balance.* Portsmouth, NH: Heinemann Publishing.

Gold, Y., & Roth, R. (1993). *Teachers managing stress and preventing burnout: The professional health solution.* London: Falmer Press.

Metcalf, C. W., & Felible, R. (1993). *Lighten up: Survival skills for people under pressure.* Reading, MA: Addison-Wesley.

Morgenstern, J. (2000). *Time management from the inside out.* New York: Henry Holt.

Ryan, K. (Ed.). (1992). *The roller coaster year: Essays by and for beginning teachers.* New York: HarperCollins.

Wetmore, D. (2002). *Organizing your life.* London: DK Publishing.

專業期刊

■ 一般教學理念 ■

《教育家》（*Instructor*）

Scholastic
P.O. Box 53894
Boulder, CO 80321-3894
(1-800-544-2917)

《學前教學》
（*Teaching Pre K-8*）

P.O. Box 54808
Boulder, CO 80322-4808
(1-800-678-8793)

國小學科領域

《社會研究與社會教育幼兒學習者》
（*Social Studies and the Young Learner*）

National Council for the Social Studies
3501 Newark Street N.W.
Washington, DC 20016

《社會教育》（*Social Education*）

《兒童數學教學》（*Teaching Children Mathematics*）

National Council of Teachers of Mathematics
1906 Association Drive
Reston, VA 22091

《科學與兒童》（*Science and Children*）

National Science Teachers Association
1742 Connecticut Avenue N.W.
Washington, DC 20009-1171

《語言藝術》（*Language Arts*）

National Council of Teachers of English
1111 Kenyon Road
Urbana, IL 61801

《閱讀教師》（*The Reading Teacher*）

International Reading Association
800 Barksdale Road
P.O. Box 8139
Newark, DE 19714-8139

███ 中學 ███

《中學期刊》（*Middle School Journal*）
《中學領域》（*Middle Ground*）

National Middle School Association
4151 Executive Parkway, Suite 300
Westerville, OH 43081

███ 議題、實務與方案 ███

《教育領導》（*Educational Leadership*）

Association for Supervision and
Curriculum Development
1250 North Pitt Street
Alexandria, VA 22314

《Phi Delta Kappan 教育雜誌》（*Phi Delta Kappan*）

Phi Delta Kappa
Eighth and Union Streets
P.O. Box 789
Bloomington, IN 47402

參考文獻

Berlak, A., & Berlak, H. (1981). *Dilemmas of schooling.* London: Methuen.

Bozzone, M. (1994). The professional portfolio: Why you should start one now. *Instructor, 103*(9), 48–50.

Bozzone, M. (1995). A teacher's stress survival guide. *Instructor, 104*(5), 55–59.

Clark, C. (1989). Taking charge. *Instructor, 99*(3), 26–28.

Cochran, J. (1989). Escape from paperwork. *Instructor, 99*(4), 76–77.

Emmer, E. T., Evertson, C. M., & Worsham, M. E. (2002). *Classroom management for secondary teachers* (6th ed.). Boston: Allyn & Bacon.

Grant, C., & Zeichner, K. (1984). On becoming a reflective teacher. In C. Grant (Ed.), *Preparing for reflective teaching* (pp. 1–8). Boston: Allyn & Bacon.

Katz, L. (1990). Reflect on your role as a teacher. *Instructor, 100*(1), 47.

Kent, K. (1993). The need for school-based teacher reflection. *Teacher Education Quarterly, 20*(1), 83–91.

Kottler, E., Kottler, J., & Kottler, C. (1998). *Secrets for secondary school teachers: How to succeed in your first year.* Thousand Oaks, CA: Corwin Press.

Landsmann, L. (1988). 10 resolutions for teachers. *Phi Delta Kappan, 69*(5), 373–374.

Moir, E., & Stobbe, C. (1995). Professional growth for new teachers: Support and assessment through collegial partnerships. *Teacher Education Quarterly, 22*(4), 83–91.

Shalaway, L. (1998). *Learning to teach . . . Not just for beginners.* New York: Scholastic.

Steele, K. (2002). How to simplify the grading workload. *Kim's Corner.* Retrieved July 9, 2002, from http://www.kimscorner4teachertalk.com

Wangberg, E. (1984). The complex issue of teacher stress and job satisfaction. *Contemporary Education, 56*(1), 11–15.

worksheet

附錄：工作單

worksheet
1.1 工作搜尋檢核表

1. 拜訪你的生涯／工作安置中心，要求以下服務：

   安置的檔案 ☐

   職業一覽表 ☐

   將舉行的工作博覽會 ☐

   學校招生 ☐

   履歷撰寫工作坊 ☐

   面試工作坊 ☐

   刊物、通訊、小冊子 ☐

   薪資表 ☐

   其他州的證照 ☐

   公立與私立學校指南 ☐

2. 考慮使用一些或所有工作搜尋策略：

   電洽或郵寄申請書 ☐

   實習期間親自接洽 ☐

   學校與地區行政人員的推薦函 ☐

   加入專業教育組織 ☐

   學校志工 ☐

   使用職業一覽表 ☐

   參加地區專業會議 ☐

   留意公立與私立學校指南 ☐

   參加工作博覽會 ☐

3. 撰寫履歷表注意事項：

   依時間前後順序排列 ☐

（下頁續）

電腦打字且列印　　　　　　　　　　　　　　☐

使用白紙　　　　　　　　　　　　　　　　　☐

容易閱讀　　　　　　　　　　　　　　　　　☐

簡潔有力　　　　　　　　　　　　　　　　　☐

包含下列項目：

姓名、地址、電話　　　　　　　　　　　☐

證書　　　　　　　　　　　　　　　　　☐

專長　　　　　　　　　　　　　　　　　☐

教育程度　　　　　　　　　　　　　　　☐

專業經驗（包括實習）　　　　　　　　　☐

其他經驗　　　　　　　　　　　　　　　☐

特殊技能與才能　　　　　　　　　　　　☐

專業組織（未來教師俱樂部、國際閱讀協會學生　☐
成員等）

4. 準備一封附信　　　　　　　　　　　　　　☐

5. 面試前的準備：

分析自己的優缺點　　　　　　　　　　　　☐

對於地區與學校的了解程度　　　　　　　　☐

準備專業卷宗　　　　　　　　　　　　　　☐

準備提出適當的問題以表示感到興趣　　　　☐

思考且準備回答面試問題　　　　　　　　　☐

6. 面試時呈現自己的積極面：

專業的服飾　　　　　　　　　　　　　　　☐

注意打扮　　　　　　　　　　　　　　　　☐

攜帶卷宗與履歷表　　　　　　　　　　　　☐

專注傾聽　　　　　　　　　　　　　　　　☐

眼神接觸　　　　　　　　　　　　　　　　☐

（下頁續）

察覺雙向非口語溝通　　　　　　　　　　　☐

詳述答案　　　　　　　　　　　　　　　　☐

自我行銷　　　　　　　　　　　　　　　　☐

強調積極面　　　　　　　　　　　　　　　☐

找時間統整答案　　　　　　　　　　　　　☐

可提問以下問題：　　　　　　　　　　　　☐

　　　有新進教師的適應活動嗎？

　　　我有輔導老師或搭擋嗎？

　　　有學區的管教政策嗎？

　　　學區有特殊服務嗎？

　　　我何時可以知道結果

7. 面試後立即書寫感謝函表達以下內容：

面談愉快　　　　　　　　　　　　　　　　☐

共同討論的樂趣　　　　　　　　　　　　　☐

高度興趣　　　　　　　　　　　　　　　　☐

期待聽到好消息　　　　　　　　　　　　　☐

8. 寫出或略述以下既定問題的答案，且從朋友、同事與老師身上，
持續蒐集其他問題：

為何選擇此地區？

自我介紹。

教育實習有何成果？

擅長與不擅長的課程或主題領域是什麼？

有何優缺點？

為什麼想從事教職？

你已準備好任教哪一年級或學科？

你如何兼顧班級學生的多元性？

何謂多元文化教育？

你最引以為傲的成就是什麼？

（下頁續）

你有無與第二外語學習者、雙語學生、特殊教育學生、資優生等相
　處的經驗？

你認為理想的班級環境是什麼？

你對於有效教學的期待是什麼？

你如何教閱讀、數學、社會研究、自然科學等？

你如何處理開學日或新班級？

你的管教哲學是什麼？

你如何實施個別化教學？

你如何進行合作學習？

敘述你曾計畫的主題教學與任何整合單元。

在學年中如果我到你的班級，將會看到什麼？

何謂真實性評量，你如何組織學生的卷宗？

什麼問題是問你的好問題？請舉例並回答。

2.1　課程教材調查表

	有
地區政策與程序	☐
新進教師指南	☐
學校程序手冊	☐
給家長的學校手冊	☐
地區或學校管教政策	☐

課程指南／標準／精熟目錄	地區政府 有	州政府 有
閱讀	☐	☐
數學	☐	☐
語言藝術／拼字	☐	☐
自然科學	☐	☐
社會研究	☐	☐
藝術	☐	☐
體育	☐	☐
音樂	☐	☐
健康	☐	☐

教師手冊／學生教科書	有
閱讀	☐
數學	☐
語言藝術／拼字	☐
自然科學	☐
社會研究	☐
藝術	☐
體育	☐
音樂	☐
健康	☐

（下頁續）

資源教材／工具箱／錄影帶／電腦軟體	有
閱讀	☐
數學	☐
語言藝術／拼字	☐
自然科學	☐
社會研究	☐
藝術	☐
體育	☐
音樂	☐
健康	☐

其他：

主題

標準：

技巧：

學習情形：

學習活動

	藝術		社會研究	
數學				語言藝術
		資源：教科書、教材、科技		
體育				音樂
	健康		自然科學	

worksheet

2.3 單元評量標準

單元評量標準

	是	否
原理		
單元主題符合標準嗎？	☐	☐
單元主題重要嗎？	☐	☐
單元主題能引起學生興趣嗎？	☐	☐
單元主題發展適切嗎？	☐	☐
內容		
內容是否充足？	☐	☐
內容是否有重點？	☐	☐
內容是否適合特定年級？	☐	☐
內容是否包含多元文化觀點？	☐	☐
目標		
目標是否包含較高層次的思考技巧？	☐	☐
目標是否以適當形式撰寫？	☐	☐
內容是否涵蓋充分的目標？	☐	☐
是否包含以下技巧的目標：		
批判思考技巧？	☐	☐
溝通技巧？	☐	☐
合作技巧？	☐	☐
研究技巧？	☐	☐
基礎數學與閱讀技巧？	☐	☐
學習活動		
是否引起學生學習動機？	☐	☐
是否有充分的活動以符合每項目標？	☐	☐
每項活動是否符合多元目標？	☐	☐
是否運用各種策略？	☐	☐
是否有機會進行師生計畫？	☐	☐
其他課程領域是否整合於單元中？	☐	☐
活動是否較主動而非被動？	☐	☐
活動是否滿足所有學習風格？	☐	☐
是否有機會進行團體研究？	☐	☐
單元結束前是否做結論？	☐	☐

（下頁續）

評量	是	否
單元是否建立以下之學生評量：	☐	☐
調查前後單元的學習情形與知識？	☐	☐
蒐集觀察資料？	☐	☐
學生作業範例或期刊？	☐	☐
如果單元必須修改，是否有其他充分的替代		
方案使我能改變方向？	☐	☐
評量內容是否結合目標？	☐	☐
是否有各種評量？	☐	☐

資源與教材

	是	否
是否有充分資源可供使用？	☐	☐
教科書？	☐	☐
協助工具（錄音帶、DVD、幻燈片、錄影		
帶、CD）？	☐	☐
科技？	☐	☐
實地考察旅行？	☐	☐
資源講師？	☐	☐
手工製品或實務教學？	☐	☐

單元內容

	是	否
是否有趣？	☐	☐
是否有凝聚力？	☐	☐
是否連貫？	☐	☐
是否多元性？	☐	☐
是否適合學生？	☐	☐
是否有重點？	☐	☐
是否可教學？	☐	☐

其他標準：

週次：＿＿＿＿＿　學年：＿＿＿＿＿

主題：＿＿＿＿＿＿＿＿＿＿＿＿＿

填入你正整合中的課程領域，例如：數學與自然科學或語言藝術與社會研究，盡量靠近以利於跨格填寫。

	語言	社會研究	藝術	數學	自然科學	音樂	體育	健康
星期一 月／ 日								
星期二 月／ 日								
星期三 月／ 日								
星期四 月／ 日								
星期五 月／ 日								

備註：

責任：

會議：

待辦事項：

電話：

每日教學計畫		
日期		
時間／科目	活動／程序	教材或頁次
設備 家庭作業	通知	資源
聯繫家長 特殊事件／會議		待完成事項

一般教具	有	無	存放位置
圖釘	☐	☐	
迴紋針	☐	☐	
橡皮筋	☐	☐	
膠水	☐	☐	
白膠	☐	☐	
漿糊	☐	☐	
錄音帶	☐	☐	
釘書機／釘書針	☐	☐	
面紙	☐	☐	
剪刀	☐	☐	
書籤	☐	☐	
蠟筆	☐	☐	
粉筆（白色或彩色）	☐	☐	
直尺	☐	☐	
印泥	☐	☐	
泡綿貼合機	☐	☐	
模子切割機	☐	☐	
乾裱機	☐	☐	
裝訂機	☐	☐	
報紙	☐	☐	
新聞用紙	☐	☐	
原子筆、鉛筆	☐	☐	
衛生紙	☐	☐	
硬紙板	☐	☐	
紙巾	☐	☐	
清潔劑／洗衣粉	☐	☐	
水桶	☐	☐	
抹布	☐	☐	
肥皂	☐	☐	
海綿	☐	☐	
硬毛刷	☐	☐	
絨毛魔帶（pipe cleaner）	☐	☐	

（下頁續）

數學　　　　　　　　　　　　　　　有　無　　存放位置

絨布板　　　　　　　　　　　☐　☐
口袋掛圖　　　　　　　　　　☐　☐
古氏積木（Cuisenaire rods）　☐　☐
直尺　　　　　　　　　　　　☐　☐
刻度尺　　　　　　　　　　　☐　☐
測量容器：湯匙、杯子　　　　☐　☐
時鐘　　　　　　　　　　　　☐　☐
數線　　　　　　　　　　　　☐　☐
教分數的教具　　　　　　　　☐　☐
教小數的教具　　　　　　　　☐　☐
數學遊戲　　　　　　　　　　☐　☐
溫度計　　　　　　　　　　　☐　☐
技能卡　　　　　　　　　　　☐　☐
米棍子（meter sticks）　　　　☐　☐
捲尺　　　　　　　　　　　　☐　☐
方格紙　　　　　　　　　　　☐　☐
立方體／基數十教材　　　　　☐　☐
串珠　　　　　　　　　　　　☐　☐
砝碼　　　　　　　　　　　　☐　☐
天平　　　　　　　　　　　　☐　☐
高度測量機　　　　　　　　　☐　☐
骰子　　　　　　　　　　　　☐　☐
測徑器　　　　　　　　　　　☐　☐

閱讀／語言藝術

書寫／字母表　　　　　　　　☐　☐
大書　　　　　　　　　　　　☐　☐
熟練的工具（箱）　　　　　　☐　☐
閱讀及語言遊戲　　　　　　　☐　☐
繪本錄影帶　　　　　　　　　☐　☐
平裝書　　　　　　　　　　　☐　☐
各種尺寸的信紙　　　　　　　☐　☐
大型圖表紙　　　　　　　　　☐　☐
故事卡帶　　　　　　　　　　☐　☐

（下頁續）

自然科學	有	無	存放位置
試管	☐	☐	
實驗室外套	☐	☐	
顯微鏡	☐	☐	
放大鏡	☐	☐	
溫度計	☐	☐	
滴管	☐	☐	
湯匙	☐	☐	
計測計量器	☐	☐	
計價秤	☐	☐	
指南針	☐	☐	
望遠鏡	☐	☐	
燈、手電筒	☐	☐	
掛圖	☐	☐	
岩石模型組	☐	☐	
洩水臺（water table）	☐	☐	
磁鐵	☐	☐	
學科相關設備	☐	☐	

社會研究	有	無	存放位置
地球儀	☐	☐	
全國地圖	☐	☐	
各州地圖	☐	☐	
世界地圖	☐	☐	
公路地圖	☐	☐	
城市地圖	☐	☐	
地圖七巧板	☐	☐	
旅遊海報	☐	☐	
歷屆總統照	☐	☐	

音樂	有	無	存放位置
教唱用的 CD 與卡帶	☐	☐	
耳機	☐	☐	
錄音機	☐	☐	
手提收錄音機	☐	☐	
和弦齊特琴（autoharp）	☐	☐	
歌集	☐	☐	
鋼琴	☐	☐	
吉他	☐	☐	
其他＿＿＿＿＿＿＿＿			

（下頁續）

藝術

	有	無	存放位置
紗線	☐	☐	
毛筆	☐	☐	
海報油漆	☐	☐	
水彩	☐	☐	
畫筆	☐	☐	
畫架	☐	☐	
工作服	☐	☐	
勞作紙	☐	☐	
海綿橡膠	☐	☐	
熟石膏	☐	☐	
黏土與釉料	☐	☐	
窯	☐	☐	
拉坯輪車	☐	☐	
織布機	☐	☐	
裝飾用小發光物	☐	☐	
殘餘木材	☐	☐	
聚苯乙烯	☐	☐	
布	☐	☐	

體育

	有	無	存放位置
足球	☐	☐	
壘球器材	☐	☐	
跳繩	☐	☐	
排球與網子	☐	☐	
籃球	☐	☐	
降落傘	☐	☐	
繩球	☐	☐	
呼拉圈	☐	☐	
其他＿＿＿＿＿＿			
其他＿＿＿＿＿＿			

視聽媒體

	有	無	存放位置
液晶顯示器	☐	☐	
幻燈機	☐	☐	
單槍投影機	☐	☐	
放映機	☐	☐	
錄音機	☐	☐	
螢幕	☐	☐	

（下頁續）

	有	無	存放位置
數位或拍立得相機	☐	☐	
耳機組	☐	☐	
電腦／軟體	☐	☐	
攝影機與卡式錄放影機	☐	☐	
數位視訊影碟機	☐	☐	
CD 收音機	☐	☐	

幼稚園

	有	無	存放位置
各種積木	☐	☐	
玩偶	☐	☐	
裝扮角教材	☐	☐	
家事角教材	☐	☐	
繪本	☐	☐	
拼圖	☐	☐	
基本教學海報	☐	☐	
基本圖表	☐	☐	
兒童的錄音帶與 CD	☐	☐	
生麵糰與餅乾成型切割模	☐	☐	
打字機	☐	☐	
沙盤	☐	☐	
洩水臺	☐	☐	
串珠	☐	☐	
木栓板	☐	☐	
序列教材	☐	☐	
填充玩具動物、種族娃娃	☐	☐	
木製卡車、汽車	☐	☐	
戶外設備	☐	☐	
攀登棒	☐	☐	
盪鞦韆	☐	☐	
推車	☐	☐	
碰碰球（Nerf ball）	☐	☐	

其他

3.2 希望家長提供項目一覽表

藝術   自然科學

社會研究   音樂

數學   烹飪

一般教具   其他

3.3　我無法蒐集或借到
　　　　而必須訂購的教具

項目　　　　　　　　　　　理由

3.4 蒐集指南

地點	電話／地址	可得教材

實地考察之旅	電話、地址、電子信箱	接洽者	備註

worksheet

4.2 布告欄理念

我將提出以下理念：

1. 一般理念   備註

☐ 一週之始

☐ 行事曆

☐ 天氣圖

☐ 學生作業

☐ 班級公約

☐ 幹部名單

☐ 手稿

☐ 忠誠誓言

☐ 壽星布告欄

☐ 牙齒紀錄表

☐ 歡迎詞

☐ 教師介紹

☐ 文章賞析

☐ 時事新聞

_____

_____

2. 教學理念

☐ 標準

4.3 教材位置與分配

	位置		分配		
	課桌	集中處	學生	負責幹部	教師
紙					
圖畫紙					
鉛筆／原子筆					
剪刀					
漿糊					
直尺					
粉筆					
教科書：					
數學					
社會研究					
自然科學					
語言					
閱讀					
健康					
班級圖書					
午餐盒					
衣服					
其他＿＿＿＿					

一般而言，我的分配教材程序如下：

worksheet
4.4　班級常規計畫表

I. **教材與設備**　　　　　　　　　我的使用過程

　　教材分配

　　教材蒐集

II. **入口、出口**

　　進入教室

　　離開教室

　　廁所

　　飲水機

III. **室內活動**

　　削鉛筆

　　廢紙簍

　　分組活動

IV. **教學常規**

　　一天或一階段的開始

　　噪音控制

　　提問與回答問題

　　求助

　　自由時間

　　使用電腦

　　一天或一階段的結束

V. **其他常規**

4.5 班級幹部表

- ☐ 班級領導者／班長／排長
- ☐ 副班長
- ☐ 小祕書
- ☐ 出席點名者
- ☐ 辦公室小老師
- ☐ 體育股長
- ☐ 衛生股長
- ☐ 收作業者
- ☐ 擦黑板者
- ☐ 餵寵物者
- ☐ 植物照顧者
- ☐ 風紀股長
- ☐ 午餐值日生
- ☐ 向國旗敬禮帶領者
- ☐ 日曆的值日生
- ☐ 圖書室小老師
- ☐ 座位指揮者／排長
- ☐ 電腦小老師

我選擇與輪流替換監督責任的方法為：

5.1 管教澄清活動

請依題項與自己或團體的相似度，在以下的空格處分別填入 1 至 8（1 代表與你的情況最相似）。

自己　團體

____　____　　管教是一種操縱，不適合幼兒。

____　____　　當我實施管教時，我能理解管教意涵。

____　____　　我認為應針對個別學生，談談管教問題。

____　____　　學生應參與制定班規，且解決班級問題。

____　____　　管教在於協助兒童做正確選擇。

____　____　　兒童將會經驗自己行為的邏輯後果。

____　____　　兒童對於增強與處罰的反應最強烈。

____　____　　在教室中我是獨裁者，由我制訂班規。

5.2 管教系統標準

我的管教計畫是：

	是	否
合理的	☐	☐
尊重的	☐	☐
有尊嚴的	☐	☐
符合學校計畫	☐	☐
彈性的	☐	☐
有效率的	☐	☐
容易執行	☐	☐
無壓力	☐	☐
容易溝通	☐	☐
符合我的哲學與信念	☐	☐

5.3 管教檢核表安排步驟

	是	否

I. 物理環境

A. 教室通風。 ☐ ☐

B. 教室光線充足。 ☐ ☐

C. 教室是具有吸引力與激勵的環境。 ☐ ☐

D. 教室乾淨整齊。 ☐ ☐

E. 提供私人空間。 ☐ ☐

F. 在任何角度，學生可以看見與被看見。 ☐ ☐

G. 座位安排有利於管理。 ☐ ☐

II. 符合個別差異

A. 緩慢與快速學習者有不同的作業。 ☐ ☐

B. 依據學生的需要、興趣、能力來分組。 ☐ ☐

C. 學生能做選擇。 ☐ ☐

D. 教師合理期待。 ☐ ☐

E. 教學適合學生的興趣。 ☐ ☐

III. 計畫

A. 邁向成功。 ☐ ☐

B. 活動有價值與意義。 ☐ ☐

C. 備妥所有教材。 ☐ ☐

D. 過程清楚。 ☐ ☐

E. 每天充分計畫，一旦有需要則提供「海綿」活動。 ☐ ☐

（下頁續）

IV. 教學

A. 教學前先集中注意。 □ □

B. 教學速度適當。 □ □

C. 監控注意。 □ □

D. 教學多樣化且學生參與。 □ □

E. 反覆練習。 □ □

F. 轉銜平順。 □ □

G. 完成教學。 □ □

H. 鼓勵提問。 □ □

V. 組織

A. 確定過程與例行工作。 □ □

B. 注意的信號一致獲得增強。 □ □

C. 公平且有效分配教材。 □ □

VI. 其他＿＿＿＿＿＿＿＿＿＿＿＿

親愛的家長或監護人：

6.4 檔案內容

創意寫作（詩歌與散文）　　　☐

論說文　　　☐

信件　　　☐

期刊參賽作品　　　☐

所有媒體中的藝術　　　☐

合作的團體作品　　　☐

態度調查表　　　☐

訪問　　　☐

自傳　　　☐

興趣調查表　　　☐

精熟／標準檢核表　　　☐

診斷測驗／基準測驗　　　☐

克漏字測驗　　　☐

閱讀書單　　　☐

同儕評論／檢閱　　　☐

教師反思評論　　　☐

家長反思評論　　　☐

校長評論　　　☐

軼事紀錄　　　☐

家長會議紀錄　　　☐

表演錄影帶　　　☐

寫作的電腦光碟　　　☐

兒童讀物錄音帶　　　☐

————————　　　☐

————————　　　☐

7.1 與家長溝通表

傳遞訊息如下：

	開學前	開學日	家長參觀日
1. 自我介紹			
2. 邀請成為同伴			
3. 管教與班規			
4. 聯繫方式			
5. 代課老師			
6. 家庭作業策略			
7. 你的目標與目的／哲學			
8. 課程重點			
9. 評分／會議／報告實務			
10. 家長能蒐集和提供的教材			
11. 點心、午餐及牛奶費用			
12. 其他＿＿＿＿＿＿＿			

worksheet
7.2 親師會議

計畫   是

1. 是否已告知家長日期及時間，且有必要時安排翻譯員？ ☐

2. 是否已備妥學生的成績單、紀錄本及資料夾？ ☐

3. 是否已開列重點？ ☐

4. 是否提供適合成人且安排面對面接觸的座位？ ☐

5. 是否穿著不具威脅性且舒適之服裝？ ☐

6. 是否安排放置外套、雨傘等的地方？ ☐

7. 是否為家長及學生或年幼手足安排等待區？ ☐

會議中

8. 是否在門口熱情地迎接家長？ ☐

9. 是否以正向的語氣來展開會議？ ☐

10. 是否提供家長資料且蒐集有關已察覺問題的資料？ ☐

11. 是否主動傾聽且回饋家長發言內容？ ☐

12. 是否熱心協助家長對於任何問題的求助？ ☐

13. 是否將家長的理念化為最後的行動計畫？ ☐

14. 是否安排補充的會議或紀錄？ ☐

15. 是否總結會議主要的重點？ ☐

16. 是否在適當時機結束會議？ ☐

17. 是否歡送家長至門口且感謝蒞臨？ ☐

會議後

18. 是否整理會議的紀錄？ ☐

19. 在不同會議間是否給予自己休息時間？ ☐

20. 是否寄送補充的紀錄給家長，總結主要的重點？ ☐

姓名：

地址：

聯絡電話：（日） 　　　　　　　（夜）

I. 自我介紹：

　　工作（詳細說明）

　　旅遊（詳細說明）

　　嗜好（詳細說明）

　　國籍（詳細說明）

　　特殊專長（詳細說明）

　　其他（詳細說明）

II. 您可以分享的光碟、錄影帶、幻燈片、相簿、CD（請詳細說明）：

III. 家鄉或旅遊的手工藝、紀念品、服裝，蒐集到的石頭與貝殼、海報等。

IV. 展示：請臚列以下你願意在班上表演的特殊才藝：

烹飪（家鄉食物）	歌唱
手藝（詳細說明）	體操／運動
舞蹈	模型建築
樂器	嗜好或收藏品
寵物	園藝技術

　　其他：＿＿＿＿＿＿＿＿

V. 電腦科技：教育軟體與硬體。

7.3B 家長是資源提供者
（英語版）

Name
Address
Daytime phone

I. Informal talks to classes:

About your job (specify)
About your travels (specify)
About your hobby (specify)
About your country of origin if born elsewhere (specify)
About special interests (specify)
Other (specify)

II. DVDs, videos, slides, photo albums, CDs you would be willing to share (please specify):

III. Crafts, souvenirs, costumes from your native country or travels, rock collections, shell collections, poster sets, etc.

IV. Demonstrations: Please list below any special talents you would be willing to demonstrate to the class:

cooking (ethnic foods)	voice
crafts (specify)	gymnastics/exercise
dance	model building
musical instruments	hobbies or collections
pets	gardening techniques
other: _____	

V. Computer technology: educational software and hardware.

1. 每晚為孩子朗讀故事書且建立文庫。

2. 陪孩子看電視，提問人物特質、情節、情境。在電視等節目中的智力競賽時，鼓勵回答。

3. 鼓勵孩子閱讀報紙的連環漫畫。剪下連環漫畫，請孩子重新依序排列。

4. 與孩子玩激勵思考的遊戲：骨牌遊戲、賓果遊戲、撲克牌遊戲、西洋棋、拼字遊戲、另類拼字遊戲、大富翁遊戲。

5. 讓孩子學習計算看得見的每件東西。

6. 讓孩子依據形狀、聲音、顏色、結構等，辨認與分類家中事物。

7. 讓您的孩子依據大小與重量依序排列所選擇的項目。

8. 提供多元閱讀教材：報紙、罐頭及盒子標籤、時刻表、郵件、電話簿、餐廳菜單、百貨公司招牌、道路標誌。

9. 鼓勵孩子寫信給遠方的親戚。

10. 與孩子聊聊，盡可能回答問題。

11. 協助孩子培養新的興趣與嗜好。

12. 鼓勵孩子帶著地圖且撰寫旅遊日誌。

13. 在顯眼處（冰箱或布告牌）張貼孩子的工作。

14. 與孩子一起上圖書館且訂閱兒童雜誌。

15. 與孩子一起欣賞表演、音樂會、木偶戲。

16. 鼓勵藝術（黏土、繪畫、商標）的創意表現。

17. 與孩子一起完成任務（建置水族箱、建造餵鳥器、耕作花園、烘焙餅乾、彩繪籬笆）。

18. 鼓勵孩子收藏（石頭、樹葉、乾燥花、郵票、貝殼、鈕扣、錢幣）。

19. 鼓勵身體活動、參與遊戲及運動。

20. 向圖書館借用適合孩子的唱片、錄影帶、錄音帶。

21. 鼓勵手足彼此協助。

*中學教師可將此內容納入特定學科。

1. Read to your child every night and develop a library.

2. Watch television with your child, asking questions about the characters, the plot, the setting. Encourage guessing during quiz shows.

3. Encourage your child to read comics in the newspapers. Cut the strips apart and have your child rearrange them in sequence.

4. Play games that encourage thinking: dominoes, bingo, card games, backgammon, Scrabble, Boggle, Monopoly.

5. Have your child count everything in sight.

6. Have your child identify and classify everything in the house according to shape, beginning sound, color, texture, and so on.

7. Have your child arrange selected items in sequence according to size and weight.

8. Provide a variety of reading material: newspapers, labels on cans, boxes, time tables, mail, telephone books, menus in restaurants, signs in stores, road signs.

9. Encourage your child to write to out-of-town relatives.

10. Talk with your child, answering questions whenever possible.

11. Help your child acquire new interests and hobbies.

12. Encourage your child to follow maps and keep diaries on trips.

13. Post your child's work in a prominent place (refrigerator or bulletin board).

14. Visit the library with your child and subscribe to children's magazines.

15. Attend plays, concerts, puppet shows with your child.

16. Encourage creative expression through art (clay, paint, markers).

17. Work on projects with your child (creating an aquarium, building a bird feeder, cultivating a garden, baking cookies, painting the fence).

18. Encourage your child to start a collection (rocks, leaves, dried flowers, stamps, shells, buttons, coins).

19. Encourage physical activity, active play, and sports.

20. Borrow from the library records, videos, and tapes especially for your child.

21. Encourage siblings to help one another.

*Secondary teachers can adapt this to their specific subjects.

8.1 程序與策略問題

1. 如何以特殊測驗來了解學生？

2. 如果我懷疑兒童受虐，首先我該做什麼？

3. 週末我如何進入學校？

4. 如何使用護貝機（乾裱、裝訂、影印）？

5. 如何登記使用團體教室？

6. 如何訂購教材媒體與科技？

7. 校長多久會拜訪我，我會被優先告知嗎？

8. 如何取得更多桌子（書籍、教材、鉛筆等）？

9. 如何處理教室修繕？

10. 一旦學生生病，我該做什麼？

11.

12.

13.

14.

15.

16.

17.

18.

8.2 與助理合作

	是	否
準備與助理見面		
1. 我知道助理每週與我相處的時間嗎？	☐	☐
2. 我知道在班級中法訂管理助理的責任嗎？	☐	☐
3. 我有明列助理的責任清單嗎？是否符合學校對其他助理的要求？	☐	☐
讓助理盡快熟悉環境		
4. 是否與助理討論其先前與兒童相處經驗，及其對於管教的哲學與態度？	☐	☐
5. 是否清楚地介紹我的計畫與行程？	☐	☐
6. 我的助理是否熟悉班級、教材與教具？	☐	☐
7. 是否討論成績計算過程？	☐	☐
8. 是否給予助理所有教科書影本，且協助助理熟悉其他教材？	☐	☐
9. 是否建立單週或雙週計畫時間？	☐	☐
10. 是否提供助理適宜的工作站？	☐	☐
訓練我的助理		
是否訓練助理：		
11. 發問技巧？	☐	☐
12. 激勵策略？	☐	☐
13. 訓練技術？	☐	☐
14. 管教過程／例行工作？	☐	☐
15. 教學計畫／評分捷徑？	☐	☐
16. 合作學習？	☐	☐
17. 卷宗評量？	☐	☐
感謝		
18. 是否真誠的感謝助理的努力？	☐	☐

8.3 為代課老師的準備

I. 張貼班級學生名冊、座位表、學校地圖及教學計畫。

II. 每日行程表（張貼）

集會	日期	時間	地點
圖書館	日期	時間	地點
電腦教室	日期	時間	地點
體育課	日期	時間	地點
	日期	時間	地點
	日期	時間	地點

資源教室

學生姓名	日期	時間	地點
學生姓名	日期	時間	地點
學生姓名	日期	時間	地點
學生姓名	日期	時間	地點
學生姓名	日期	時間	地點

其他（樂隊、午餐幹部等）

學生姓名	日期	時間	地點
學生姓名	日期	時間	地點
學生姓名	日期	時間	地點
學生姓名	日期	時間	地點
學生姓名	日期	時間	地點

III. 教師責任（校車、下課、午餐等）

日期	時間	地點
日期	時間	地點

（下頁續）

IV. 管教系統對照表（張貼進一步的解釋）。

V. 程序
     集會
     自由活動時間
     求助
     午餐票券
     廁所
     飲水
     進入／離開教室
     緊急事件程序

VI. 搭乘校車兒童及送離時間

VII. 協助者

夥伴教師	教室
學生協助者	
助理	時間與日期
家長志工	時間與日期
	時間與日期
	時間與日期
	時間與日期

VIII. 特殊需求學生

IX. 何處可以取得
     評分手冊
     教學計畫
     簡介
     美術教具

9.1 開學日的問題

1. 我如何建立開學日的程序？

2. 我如何建立班級社群？

3. 開學日我該如何穿著？

4. 首先我該說什麼事情？

5. 我該介紹多少我的個人生活？

6. 如何分配座位？

7. 如何記住學生的名字？

8. 開學日實際上我做了什麼？

其他問題：

時間   活動

9.3 評量我的開學日計畫

	是	否
1. 計畫是否完整、有彈性？或過度計畫？	☐	☐
2. 活動是否具激勵性？	☐	☐
3. 在最終的行程表中，是否介紹例行工作與計畫？	☐	☐
4. 是否講解班規與期待的行為？	☐	☐
5. 是否提供學校與班級情況介紹？	☐	☐
6. 是否為學生預習課程？	☐	☐
7. 是否提供學生選擇與做決定機會？	☐	☐
8. 是否包含閱讀經驗？	☐	☐
9. 是否有認識每位學生之計畫？	☐	☐
10. 學生在開學日之後是否感到成功？	☐	☐
11. 明天學生還會想來學校嗎？	☐	☐

其他準則：

9.4 開學週行事曆

週次 ＿＿＿＿＿ 學年 ＿＿＿＿＿								
星期一 　月／　日								
星期二 　月／　日								
星期三 　月／　日								
星期四 　月／　日								
星期五 　月／　日								

備註：

職責：

會議：

待辦事項：

電話：

9.5 開學日工作目錄

	是	否
1. 我的名字是否寫在黑板上？	☐	☐
2. 教室外是否放置歡迎標誌？	☐	☐
3. 是否準備名牌？	☐	☐
4. 布告欄是否已可以使用？	☐	☐
5. 是否已印好國旗且置於適當地方？	☐	☐
6. 誓言與國歌是否清楚地寫在海報上？	☐	☐
7. 每天行事曆是否寫在黑板上？	☐	☐
8. 是否標明所有出入口與外套掛鉤？	☐	☐
9. 是否有座位表以利填寫？	☐	☐
10. 是否為每位學生準備教科書？	☐	☐
11. 是否為突如其來的轉學生準備額外設備？	☐	☐
12. 教室是否使學生感到愉快、明亮、有吸引力？	☐	☐
13. 是否建立安排座位的方法？	☐	☐
14. 是否決定如何自我介紹？	☐	☐
15. 是否選擇牢記學生名字的方法？	☐	☐
16. 是否將活動準備概要寫在索引卡及教學計畫？	☐	☐
17. 是否展示所有教材以利使用？	☐	☐

其他問題：

我認為：

worksheet

10.2 今日的成就

我最精采的一天

日期　　　　教學　　　　管理

worksheet
10.3 專業進修日誌

我曾參加的在職進修與會議

日期　　　　　　　　主題　　　　　　　　最重要的理念

期刊／專業書籍

專業組織

10.4 放鬆月曆

月份：_____

星期日	星期一	星期二	星期三	星期四	星期五	星期六

代碼

P ＝運動（Physical Activity）

M ＝沉思或安靜時間（Meditation）

N ＝進餐（Nuturitious Meals）

S ＝社交（Socializing）

E ＝娛樂（Entertainment）

O ＝其他（具體說明）（Other）

國家圖書館出版品預行編目資料

初任教師班級經營指南／Ellen L. Kronowitz 著；
杜宜展譯. -- 初版. -- 台北市：心理，2009.02
面；　公分. --（教育現場系列；41131）
含參考書目
譯自：Your first year of teaching and beyond, 4th ed.
ISBN 978-986-191-221-9（平裝）

1. 班級經營　　2. 教學法

527　　　　　　　　　　　　　　　　　97024213

教育現場系列 41131

初任教師班級經營指南

作　　者：Ellen L. Kronowitz
譯　　者：杜宜展
執行編輯：林汝穎
總 編 輯：林敬堯
發 行 人：洪有義
出 版 者：心理出版社股份有限公司
地　　址：231 新北市新店區光明街 288 號 7 樓
電　　話：(02)29150566
傳　　真：(02)29152928
郵撥帳號：19293172 心理出版社股份有限公司
網　　址：http://www.psy.com.tw
電子信箱：psychoco@ms15.hinet.net
駐美代表：Lisa Wu（lisawu99@optonline.net）
排 版 者：辰皓國際出版製作有限公司
印 刷 者：辰皓國際出版製作有限公司
初版一刷：2009 年 2 月
初版四刷：2018 年 3 月
I S B N：978-986-191-221-9
定　　價：新台幣 350 元